日本神話の考古学

森 浩一

角川新書

はじめに

私が最初に考古学でいう遺跡を訪れたのは、一九四一年（昭和十六）のことだった。中学の友人の案内で、一時間ほど泉北丘陵（大阪府堺市、和泉市、大阪狭山市にまたがる）を歩いたところに、須恵器、つまり五世紀の陶質土器を焼いた窯跡があった。当時はまだ須恵器とはいわずに、専門の書物でも祝部土器の名称が使われていた。

泉北丘陵で窯跡を見た少年の日のあの興奮が、結果的にいって、私を考古学の道へと向かわせたのだった。

ふと気がつくと、もう五十年の歳月が過ぎた。

五十年の間には、個人的にも、また社会とのかかわりにおいても、さまざまなできごとがあった。その一々を別にすると、截然といえるわけではないが、ほぼ十年ごとに新しいことを考えるうねりが私を襲ってきて、そのうねりを自分なりのエネルギーに取り込んでいるようである。例を示すと、古墳や集落跡、さらに寺院などの、考古学が従来対象としてきた遺跡だけではなく、鉄や銅を溶かした場所や塩を作った跡など、いわゆる生産遺跡をさがし求めて発掘をいどんでみたり、天皇陵古墳の指定、つまり被葬者の信憑性に疑問を強め、まずささやかな実践として学術用語としての陵墓名（たとえば仁徳陵）をやめて遺跡名（大山古墳）を使いだしたり、東アジア世界に目くばりをして古代史をみる努力をしようとしたり、大和朝廷一辺倒の解釈ではなく、日本列島のすみずみの地域の特色と歩みの面白さや重要さを痛感しだしたことなどがそれである。

とくに地域史については、本書で述べることとも深くかかわっていて、佐賀県吉野ケ里遺跡が問題をなげかけだしたここ数年来は、考古学の未来にひらかれた側面は〝地域に勇気をあたえる学問〟だという印象を強め、考古学の定義にも修正がいると感じだしている。

考古学はそれぞれの地域での大地に密着した学問であり、大地に刻まれ、だき抱えられた遺跡が主たる対象である。遺跡をこわしてしまって、大地から切り離した遺物だけからでは、真実は探りにくい。しかもその大地はどこでも同じではなく、一つ山や川を越したり、海を渡ると様相ががらりと変わることがある。このことに気づいて、私は五十代になってから、日本列島の未知の土地を訪れることに懸命になりはじめた。

若いころは、〝いつか行ける〟という安心感があった。だが、もう気休めを言っている余裕はない。それは年齢のせいだけでなく、日本列島には、歴史を動かす核となった土地、あるいは歴史は動かさなかったかもしれないが、人びとの勤勉さとひきかえに小憎らしいほど人生を享受してきた土地が、数えきれないほどあった。しかし今日、それぞれの土地の個性が急速に失われつつあり、そのことも私をせきたてる理由である。

〝今度は信濃(しなの)から飛騨(ひだ)へ抜けてみよう〟とか、〝次は日本海の見島(みしま)へ行ってみよう〟などと旅を続けるうちに、日本の古典におさめられた神話や伝説が、それぞれの話が実際にあったかどうか、あるいは史実からどのように影響されているのかなどは別にして、少なくともそれぞれの物語の舞台となった土地そのものについては、驚くほど正確で詳しい知識にもとづいて描かれていることがあるのを知るようになった。

ときには、『古事記』や『日本書紀』（以下、『記』『紀』と略す）、さらに『風土記』や『万葉集』についての現代人の注釈のほうが、対象としている土地のようす、とくに土地の変遷についての知識不足で、見当はずれの解釈をしていることがある。そして、そのことが古典の内容は概して曖昧(あいまい)だという先入観を与え、いつしか考古学では神話や伝説とは一線を画し、それについては言及しないことが〝科学的〟だという逃避的な現象をも起こさせている遠因の一つとなっている。

古典にあらわれた神話や伝説が、どのように古代史の素材として取り込めるか、あるいは取り込めないかについて性急な答えをだそうとは思っていない。私の場合、自分が長年取り組んできた考古学の成果とつきあわすことで一つの見通しが得られるならば幸いだと思う。

記紀神話の展開の順序を追って適宜、話題を求めながら進めることにする。なお煩瑣を避けるため、古典にあらわれるよく知られた人（神）名や地名については、必要な時のほかはカナ書きにすることにする。

目次

第4部　神武東征

第1部　国生みとイザナミの死

第1章　国生み物語と海上交通

国生み神話の矛と塩

記紀神話では、イザナキ（伊邪那岐、伊弉諾）とイザナミ（伊邪那美、伊弉冉）の二神が最初の夫婦として登場する。この二神がまず矛を使ってオノコロ島をつくった。国土をつくるときの根拠地とするためである。小手調べをしよう。

男女二神はオノコロ島をつくるにさいして、「矛で、塩水をコオロコオロ（コロコロ）とかきまぜると、矛からしたたり落ちた塩が積もって島となった」（『記』）。

ここでいくつかのことが指摘できる。まず国土創造のはじめに矛を使っていることである。矛とは木の柄の先端に刺突具を着装する武器で、中世以後の言葉でいえばヤリのことである。

古代にはヤリという言葉はなく、但馬の出石にいた新羅の王子、天日槍も『記』では日矛と書き、発音はヒボコである。だから矛と後世のヤリとでは形は少し違うが、使い方はヤリを想像するとよい。

『三国志』（魏書、東夷伝倭人の条。以下、「倭人伝」と略す）では、倭人の兵器の第一にあげているのが矛であり、単なる武器としてだけでなく、倭人を象徴する武器となっていたふしがある。

周知のように弥生時代後期の北部九州では、武器から出発して、お化けのような巨大な儀器（考古学では広鋒銅矛という）を作るようになった。この巨大化した矛は、大陸から人が渡って来たときに、最初の倭の地となる対馬に集中的に出土し、すでに百三十五本ほどが知られている。巨大な矛は北部九州、とくにその西部地域にとって、対馬が北の玄関口であることを示す儀器であり、倭人のテリトリーの境界地帯を明らかにしたこととかかわっていると私はみている。ただし神話上の矛は、『記・紀』の編者たちが「倭人伝」を読んで得た知識かもしれず、必ずしも弥生時代という古さを反映しているものではない。それと「倭人伝」にたいして、今日の日本人は女王ヒミコやヤマタイ国についてたいへん関心をもっているけれども、それは古代でも同じで、少なくとも『紀』の編者たちが「倭人伝」を読みこなしていたのは明らかである。

私は長い間、銅矛は遺物だとみていたし、基本的にはそれで間違っていない。だが四万十（しまんと）川流域の高知県窪川（くぼかわ）町の高岡（たかおか）神社の祭礼で、今日でも弥生時代の銅矛が祭器として使われているのを知って驚いたことがある。

今日、祭礼に使っているのは明暦三年（一六五七）に発掘されたものだが、それ以前にも銅矛が使われていた。四万十川流域では、すでに銅矛が約二十本出土しており、対馬ほどではないにしても、銅矛の集中地の一つである。そこで、一九九〇年十一月十五日の秋祭りを実見し、土地の人びとにとって銅矛がどんな意味をもっているのかとか、銅矛が祭礼のなかで具体的にどのように使われるのかなどを観察した。

高岡神社の秋祭りでは、御輿（みこし）のあとに続く御神幸に、太刀や弓などを持つ人にまじって長い柄をつけた銅矛を担ぐ人がいた。もちろん柄は弥生時代のものではなく、江戸時代に作られたものである。数年前までは、五本の銅矛が担がれていたと聞いたが、この年は保存のこともあって一本だけが行列に参加していた。このとき気づいたのは、弥生時代中期の実戦用武器の短い銅矛なら、少し離れると目立たず、そのことが弥生時代後期に銅矛が巨大化する理由の一つであろうということであった。このような巨大に作られた銅矛は見せるものであり、それも少し離れたところからでも見られることを意識した儀器である。では、『記・紀』の編者たちが意識した矛とは、どんな形のものだったのであろうか。ことによると、銅鐸（どうたく）が和銅六年（七一三）に今日の奈良県で出土し、政府が回収して保管したように、銅矛についても知られていたのではないか。このほか神社や聖地に神宝として伝えられた銅矛も、九州ではかなりあったであろう。

もう一つ、男女二神のオノコロ島づくりでは、『記』のほうでは、たとえば奈良盆地の人では持ちあわせない製塩の情景についての知識が、〝コオロコオロ〟と塩の結晶を道具でかきまぜる音まで入れて、取り入れられている。縄文時代晩期以降、粗製の土器を使う塩作りがおこなわれ、それを土器製塩とよんでいる。このような土器製塩の遺跡は、奈良時代ごろになるとほぼ日本列島全域の海岸で見つかっているとはいえ、ここでの製塩は土器製塩ではなく、鉄釜（てつがま）を用いる製塩の状況に近いと思われる。簡単にいえば、土器製塩では製塩のほぼ最終段階でも、道具でかきまぜることはしないし、技術的にもやりにくい。

宮城県塩竈（しおがま）市に陸奥（むつ）一の宮の鹽竈神社がある。この神社の境外末社に御釜（おかま）神社があり、古い鉄釜が四個保存されていて、今日では別の鉄釜を使っての製塩、藻塩焼（もしおやき）神事がおこなわれている。元禄（げんろく）二年（一六八九）には、東北旅行中に芭蕉（ばしょう）もこの〝かま〟を見たことが『曾良（そら）随行日記』にあらわれている。

一九八八年七月六日、私はこの神事を拝見し、『交錯の日本史』（朝日新聞社、一九九〇年）に観察所見と印象を述べたことがある。鉄釜の下に火打ち石で火をつけたのが午後一時半、最初は表面に浮くアブクをとるのに忙しいが、約一時間たつと急に釜底に塩の塊が姿をあらわしだし、『記・紀』のオノコロ島づくりの描写を思い浮かべた。

御釜神社の鉄釜のうち、八〜九世紀にさかのぼりそうなものは、直径一四〇センチもあるが深さは五センチと浅く、これならかきまぜることのできる形である。

いずれにしても、このように製塩の情景を思い浮かべると、男女二神は製塩技術にもたけていたか、あるいはそのような仕事を日ごろ見なれている海人系として扱われているのである。このことは、これから述べる創造された国土を具体的にみることで、いっそう明らかになるだろう。

『記・紀』の展開では、オノコロ島は男女二神の〝まぐわい〟（婚）の場として必要であった。今日流にいえば、二神ともセックスは初体験であり、ことにのぞんで女性が積極的に振る舞ったおおらかさは、『記』の描写のほうがほほえましい。ここでのまぐわいによって大八島（洲）、言い換えれば列島の主要な土地が創造されていくのである。

海上交通の拠点

大八島といえば、辞典類では「日本の古称・美称」と理解している。だが、国生み神話での大八島は、そんな漠然とした広がりではなく、この定義では不完全である。

『紀』で、男女二神がオノコロ島で〝洲国〟を生むため、まぐわいをした。のちに述べるような洲国の集合体が大八洲国であり、『記』では大八島国と書いている。島国といえば、今日でも〝島国根性〟などと口にすることはあるが、洲といえば、川の中洲など狭隘で水に囲まれた土地を連想する。洲のことはひとまずおいて、『紀』の内容によって先に進もう。

男女二神が、⑴淡路洲、⑵オオヤマト豊秋津洲、⑶伊予二名洲、⑷筑紫洲、⑸双子の億岐洲と佐渡洲、⑹越洲、⑺大洲、⑻吉備子洲の順に生んだのが大八洲国である。このほか対馬嶋や壱岐嶋などの小嶋は、潮や水の泡が固まったもので、二神のまぐわいで生まれたものではない。『記』では、大八島のなかにイキとツシマが入り、さらにオキとサドも別々に扱ったので、越洲が消え、吉備児島と大島は、大八島の後で二神が生んだものとなっている。

大八島（洲）にどこが含まれているかについての『記・紀』での違いは、『記』では律令体制での国に扱われている土地を重視しているのにたいし、『紀』では吉備子洲や大洲のように、律令体制では国より下位の郡になる土地をも重視していることが、まずうかがえる。このほか、『記』では越洲が見られないことと、知訶島や両児島が大八島国に続けて生まれた土地としてあらわれている。この知訶島は五島列島の小値賀島かその近辺の島で、律令時代には遠き値嘉が統治の及ぶ西端の土地として意識されていた（『延喜式』陰陽寮）。その意味では、国際的な統治感覚で重要となる土地である。両児島についても五島列島内に求める私見を述べたことがある（「古代人の地域認識」『日本の古代2　列島の地域文化』中公文庫、一九九七年）。

大八洲あるいは大八洲国とは、漠然と日本列島の主要部とか西日本の大半を指すものだと理解している人もいるだろう。そこで先ほどみた『紀』の本文をもう一度、反芻してほしい。⑴は兵庫県のごく一部の淡路島、⑵は奈良県の主要部、拡大解釈すると、この場合は近畿の主要部（のちの畿内）、⑶は四国島、⑷は全域かどうかは別として九州島とみておこう。

残りの四つの洲のうち、⑸は島根県の隠岐諸島と新潟県の佐渡島、⑹はすぐ後で取りあげる越（古志）であって、古代の地域呼称としてはたいへん広大で、福井県東部（越前）にはじまり、石川、富山、新潟、山形の諸県、さらに時代によっては秋田県の南部まで含む大地域である。もちろん今日の地図では、近畿とは地続きであるが、これもこれからしばしば述べるように、古代には船で行けるところは途中が地続きでも、洲（島）として意識されるときがあった。いずれにしても、⑸双子の億岐洲と佐渡洲と⑹越洲とは海上交通を重視しての日本海地域であるが、出雲世界が含まれていないことを奇妙に感じる。

ところで一つ、小さなことだが見逃せないことがある。それは越洲、つまり越が『紀』では重要な扱いをうけているのに、『記』にはまったく登場しないことである。すでに述べたように、そのほかの地域では順位は違っても『紀』と『記』の両方にあらわれていて、私に

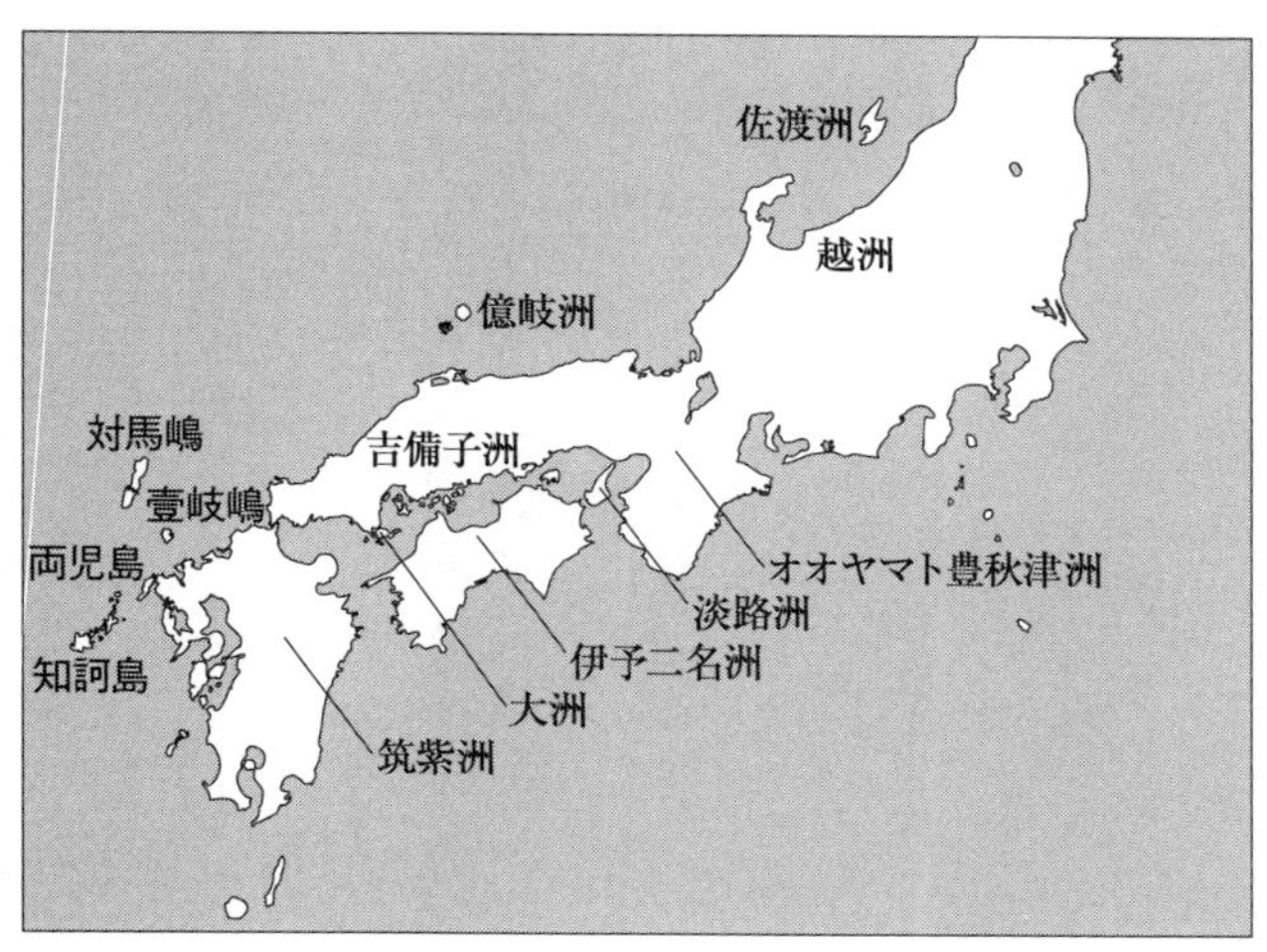

二神が生んだ大八洲国

はそれなりの理由があるように思う。

いうまでもなく、越とは『紀』に詳しく書かれている継体勢力の発動の地であり、『記』にはそれについての記述のないことはよく知られている。大和政権の王統は武烈でとだえ、そのあと越前の三国（福井県）にいた男大迹が南下して河内の樟葉で即位したのが継体であり、それを新王朝とみる説もある。継体が少しでもそれ以前の大王家の血脈につながるのか否かはともかく、越で勢力をたくわえた、言い換えれば日本海地域にあって新しい国際感覚を身につけた大王だとみてよかろう。つまり『紀』では継体の出自などについて詳しく記述したため、大王になる以前の地盤である越を重視したのであり、それについてはふれなかった『記』では、越の誕生には言及しなかったと考えられる。
もう一つ見落とせないことがある。⑺大洲と⑻吉備子洲は瀬戸内海のうちでも、山口県の周防大島（屋代島）と、今日では岡山平野によって本州島と地続きになっている岡山県の児島のことであり、どうしてこの二つの島だけが扱われ、現代の地域区分の中国地方そのものが登場しないのかが奇妙さをつのらせる。

太平洋側の中部地方以東があらわれないのはともかくとして、西日本でも古代の有力な土地であった吉備や出雲の主要部が除かれているのは、どうしてであろうか。先にあげた『記』の大八島でもこのことは同じであり、そこでは大八島よりあとで生まれた吉備児島や大島のほかに小豆島や女島もあらわれ、いっそう瀬戸内海を詳しく描写している。女島とは国東半島の沖に浮かぶ大分県の姫島とみてよかろう。姫島は、縄文時代の黒曜石の産地で、九州島や瀬戸内一帯との往来のさかんな土地であり、『紀』や『摂津国風土記』逸文では、新羅から女神がわたってきたことが述べられ、今日も比売語曽神社が祀られている。

このように国生み神話では、豊かにして広大な農耕地の広がる平野単位ではなく、ひとまず豊秋津洲を別にすると海上交通によって結ばれ海上交通の拠点となった洲（島）を対象にしていることは明らかであるが、さらに吉備全体ではなく、そのごく一部にすぎない吉備子洲（児島）が大八洲国の一つとして扱われていることに注目してよかろう。そこで児島とは古代にどのような土地であったのかを探ることによって、国生み神話にあらわれている古代人、とくに大和の支配層の人たちの価値観を探ってみよう。

小豆島も吉備の児島の一部であった

一九八六年から三年間、奈良国立文化財研究所は奈良市の旧二条大路（にじょうおおじ）でのデパート建設に先立ってその敷地の調査をおこない、大量の奈良時代の木簡を発掘し、学界を驚かせた。木簡とは、板に記した古文書で、今日流にいえば請求書、納品伝票といった性格のものが多く、後者は荷札木簡ともよばれている。

そのなかに次のようなものがあった。二行にしてあるのは、板の表と裏に字があるためで、□は字の消えた個所を示している。

・備前国子嶋郡小豆郷志磨里
・日下部忍□調十□

もう一点ある。

・備前国子嶋郡小豆郷志□
・黒白猪部乙嶋調三斗

白猪部乙嶋が調として負担したのは、土地柄や多くの用例から塩とみられ、その前の消えた一字は、日下部忍□の木簡によって志磨里の「磨」と復元できる。

壺井栄の『二十四の瞳』で名高い小豆島は、今日は香川県に属しているが、この木簡では吉備の児島の一部であったことがわかる。説明の必要はないと思うが、備前、備中、備後（それと美作も）はいずれも吉備国から細分された、いわば中央によってつくられた行政区画であり、『紀』では仁徳天皇の六十七年のこととして「吉備中国」という表記が出ている。備中の古称であることは、いうまでもない。

敏感な読者は、国生み神話で同じ地名を吉備子洲（『紀』）とするのと吉備児島（『記』）としているのに気づいたであろう。そうして平城京の二条大路木簡では、子嶋とあるのにも気づいたであろう。だが二条大路やさらに平城京の別の地点で出土した木簡には、備前国児島郡と書いたものも数点あるから、二通りの表記が併存していたとみてよかろう。

平城京木簡によって、八世紀ごろには小豆島も吉備児島に編入されていたことは明らかになったが、それを奈良時代よりさかのぼらせて、古墳時代にもそうであったかどうかをもう少し検討しよう。

すでに紹介したように、『記』の国生み神話では吉備児島と小豆島は別々に意識されていたし、『紀』でも応神天皇が船で故郷へ帰る吉備出身の妃・兄媛を見送ったとき、難波の大隅島にあった高臺でよんだ歌に「淡路嶋　いや二並び　小豆嶋　いや二並び　寄ろしき嶋嶋(以下略)」と、仲のよい男女を連想させている。だが、その歌に続いて天皇は淡路から〝吉備に幸して小豆嶋に遊〟んでいる。この応神紀の記事が何世紀の地理観を反映しているのかを決めるのはむずかしいが、応神紀でも吉備の一部として扱っているのである。なお応神天皇が兄媛を見送ったとする高臺は、第7章に述べる古代の港(津)に象徴的存在として建てられていた高い望楼であり、出雲大社の神殿とも一脈通じるものである。その点でも、私はこの記事が古代の港の風景を伝えている点を重視している。

調を負担した人びと

私は一年に数回、山陽新幹線の岡山駅で乗り換え、瀬戸大橋経由で四国へ行く。現代の地形でいえば、岡山平野を経て山地形の児島半島を縦断して瀬戸内海にかかる瀬戸大橋を渡る。だが、これは今日の地形のことで、旧地形では児島は東西約二五キロ、南北約一七キロの広大な島で、瀬戸内海では周防大島や小豆島とともに抜群の巨島であった。旧地形に即していえば、岡山平野の大部分は旧児島湾の水域である。

すでに何度も述べたように、この児島は古代には吉備、のちには備前に属しているが、だからといって吉備勢力の支配の及んだ土地とは、簡単には言えないのである。それが〝いつごろからか〟がわかれば、ヤマタイ国の所在地問題にも、ことによると影響するかもしれないが、少なくとも古墳時代後期、つまり六世紀ごろ以降は、いわゆる大和勢力（朝廷）が掌握していて、吉備勢力に圧力をかける拠点であるとともに、北部九州と近畿とを結ぶ瀬戸内海航路の要衝でもあった。

ところで児島は、いつごろまで島地形だったのだろうか。源平合戦での藤戸の渡しの先陣争いを主題にした謡曲『藤戸』では、児島の西北部の藤戸、つまり本来、海域が狭いところで、馬が渡れる浅くなった地点を教えた土地の漁夫を、秘密の漏れるのをおそれた源氏の将、佐々木盛綱が殺してしまった話がでている。謡曲とはいえ、児島がしだいに陸続きになる姿が語られている。

児島には、縄文時代や弥生時代、さらに古墳時代に製塩を営んだ海浜遺跡が多いのに前方後円墳がない。国生み神話の単位の土地として、これも奇妙である。島の東北部の岡山市郡には数基の古墳があり、その一基が八幡大塚古墳である。郡というのは、律令時代の郡役所（郡衙）の所在地に残りやすい地名で、この付近に児島郡の郡衙があった可能性が強い。

この古墳（円墳）には、横穴式石室のなかに藤ノ木古墳にもあるような家形石棺を安置していたが、大和の後期古墳にも多くみられる、兵庫県の高砂市で産する龍山石が使われていて、六世紀代に大和勢力が派遣したか、あるいはその翼下に入った執政官的な豪族の墓と推定される。

『紀』によると欽明天皇の十七年、児島郡に屯倉を置いている。事実とすれば五五六年にあたる。屯倉といえば、朝廷の直轄地としての穀物を収める倉を想像しがちだが、児島は塩の産地であることに加え海上交通の拠点であり、百済と日本の両方で活躍した日羅らも寄港するなど関係記事も多い。

先に小豆島の木簡を二点紹介したが、いずれも調の負担者の住所と氏名、それと品名と数量が示されている。小豆島でなく児島そのものの木簡でも鴨直君麻呂、三家連乙公、牛守部小成などが塩を貢納している。

これらの調木簡にたいして、贄木簡といって、個人ではなく、ある地域の集団が品物を負担しているものも多い。その地域とは、浦、島、海などと表記されているが、山間部から出る鉄や鉄製品などに付けた木簡にも共通点がある。これについても一つの実例をみておこう。

熊毛評大贄伊委之煮

これは平城京の前の藤原京出土の木簡である。だから郡が評となっていてより古い表記が使われている。現代の地名に直すと、山口県熊毛郡平生町が古代の熊毛郷で、今日でも数軒の鰯の加工業者があるのでわかるように、古代にもイワシ（伊委之）の大贄を出していた。

平生町は今日では柳井市や田布施町と地続きになっているが、これは近世の水田開発で海峡が埋められたからであって、それまでは南北一二キロほどの南北に長い島であった。仮称平生島は面積では、瀬戸内海の島々のなかでは決して大きくはないが、ここには山口県最大規模の前方後円墳・白鳥古墳をはじめ、女性を葬っていたので名高い神花山古墳などの前方後円墳があり、その東方に横たわる周防大島とでは、古墳ののこり方や木簡にあらわれた住民の掌握の仕方がまるで違う。大きな平野地帯は別にして見通しをいえば、税体系で個人が掌握されている土地のほうには、前方後円墳などの顕著な古墳がない、または少ない。

『紀』の国生み神話では、周防大島とおぼしき大洲が子洲とともに大八洲に数えられていた。ところが大島でも贄を負担するのではなく、日下部小籠、凡海直 牟良志、佐伯部波都支らの個人が調の塩を貢納した木簡が、奈良市の推定長屋王邸跡から出土しており、瀬戸内海の島々のなかには、政府によって住民の末端までが把握された場合のある傾向がうかがえる。

また、周防大島にも前方後円墳が見られず、いくつかの後期古墳があるだけという点も吉備児島に共通している。どうやら国生み神話にあらわれた洲（島）のうち、瀬戸内海の三つの巨島は海上交通の拠点というだけでなく、住民、とくに成人男子を末端まで掌握していたことで、有事にさいして水手（かこ）などに動員できたのであろう。仁徳記には、児島の人たちが難波の海で水取司（もいとりのつかさ）の船を漕（こ）いでいた情景が語られている。

古代国家にとって重要な土地の意味の一端を垣間（かいま）見ることができたと思う。

第2章　黄泉の国の世界

海船の遡る川

イザナキ・イザナミ男女二神は大八洲国（おおやしまのくに）を生んだ後、海・川・山の順で生み続け、さらに木と草を生み、そののちに日の神オオヒルメ（天照大神（アマテラスオオミカミ））、月読尊（ツクヨミノミコト）さらにスサノヲ尊（ノミコト）のいわゆる三貴子（きし）を生んだ。天照大神とスサノヲ尊については、これから先、さまざまな形で登場するであろう。

『記』では二神が生んだ島は百十四になっている。現在の日本列島には六千八百五十二（海上保安庁調べ）の島があって、このうち四百二十五の島々に人びとが住んでいる（国土庁調べ）。これには沖縄県や北海道など、『記・紀』の対象外の島々も含んでいるから、百十四の島というのは、古代における主要な人間の舞台となった島の数であろう。

なんでもないことだが、大八洲国の後で海・川・山の順で生み続け、国土が彩られていくことは注目に値する。つまり普通ならば、海・山・その後で川、あるいは山・川・海の順で記述しそうなものであるが、どうして海・川・山の順になったのであろうか。前章で繰り返し述べたように、国生みの神話には、海人の目と頭、いわば海人の常識が前提となって展開した部分がさまざまあったけれども、海・川・山の記述の順もその例になると思う。

明治時代以後の鉄道網が整備されてからの地理的感覚とは違って、古代、中世さらには近世においても各地の海の港（津）が拠点になり、その海の港の付近に河口をもつ河川を利用して、内陸の奥深くまで船運が開かれていた。紀貫之の『土佐日記』をみても、土佐（高知）から太平洋岸ぞいに大阪湾に入った海船がそのまま淀川を遡り山崎まで到達しているし、戦後の文献史上の大収穫といわれている『兵庫北関入船納帳』をみても、瀬戸内海各地から兵庫北関（神戸港）を経て難波津に至る船のかなりの数は、そのまま淀川を遡って淀（与等）まで至っている。淀は、南山城の木津川（古代の泉河）、上流は瀬田川として近江に至る宇治川、上流は丹波に至る桂川の合流地にあって、桂川を隔てて山崎がある。

このことは、弥生土器に描かれている船の絵、船形埴輪、円筒埴輪や古墳の壁に描かれた船の線刻画なども、海岸ぞいの遺跡よりむしろ内陸の河川ぞいの遺跡のほうに多いことからも、うかがうことができる。代表的な例をあげるならば、初瀬川と寺川にはさまれた奈良県田原本町の唐古・鍵遺跡の弥生土器や円筒埴輪、桂川流域の京都府長岡京市の雁子岳古墳の円筒埴輪、大和川を見下ろす大阪府柏原市の高井田横穴の壁画、あるいは竹野川ぞいの京都府弥栄町のニゴレ古墳の船形埴輪などの船が名高い。つまり古代人にとって、海と川とは切り離すことのできないほど、交通手段としては連動したものであった。

女神には墓がある

『日本書紀』は、歴史書としてはきわめて特色のある書物である。とくに〝神代〟の部分では、異説・異伝があればそれを一書の形で収録しており、ときには第十一の一書とよばれるように、多くの異説・異伝を収めている。通常、官撰の歴史書の場合は、このような異説・異伝のたぐいは編者によって取捨選択されて一つの形になっている。どうして多くの異説や異伝をそのまま載せたのだろうか。

ここ十数年、多くの学問的な刺激とご教示をいただいている福永光司氏と一九九一年十一月二十三日、博多湾の能古島で一緒に泊まる機会があった。日本古代史にとって重要な課題になっている中国の古代思想の道教について、福永氏は精力的な研究をつぎつぎに発表されている。この日も、日本古代文化に道教がどのように反映しているかを、さまざまな例を挙げて夜がふけるまで説明していただいた。そのさい、『紀』の一書について、私が疑問を述べたときに、「中国南朝の道教の教義書の解釈には、さまざまな説を列記したのがありますよ」と教えられた。おそらく『紀』が成立するより二百年ほど前のことであろう。これについては、具体的な研究の出現が待たれる。なお、以下ではわずらわしさを避けるために、何番目の一書であるかについては区別しないことにする。

『紀』の一書では、イザナミが火（ひ）のカグツチを生んだときに体を「灼（や）かれて」死んだとしている。別の一書では「焦（や）く」の字を使い、『記』では陰部が「炙（や）かれた」と書いている。全身ではないにしても、〝火葬〟とのつながりを思わせる記述ではないかとみられるが、東アジアのなかでも火葬の出現と普及は日本列島が早く、カマド塚とよばれる古墳を各地にのこしている。六世紀末ごろまでさかのぼるので、火のカグツチの描写はことによると火葬意識が反映したものかもしれない。

イザナミが死んだ後、「紀伊（きい）の国の熊野（くまの）の有馬（ありま）村に葬る。土俗、この神の魂を祭るには、花の時には花をもって祭る。また鼓・吹（笛）・幡（のぼり）・旗（はた）を用い、歌い舞いて祭る」とある。この文章では、イザナミの墓が紀伊国の熊野の有馬村にあることと、イザナミへの祭りが『紀』の編纂（へんさん）の時点でも、土地の人びとによっておこなわれ続けていたということを示しているとみてよかろう。それにしても、どうしてイザナミの葬地が熊野とされたのであろうか。また、それはどんな土地で、その葬地は古墳の仲間なのかどうか、これについては後で述べよう。

『記』ではイザナミの葬地を出雲国と伯伎（耆）国との境の比婆の山に葬ったとある。出雲と紀伊の熊野とについては、出雲にも熊野大社（島根県八束郡八雲村）があったり、『紀』の出雲神話のなかで熊野諸手船があらわれたり、さまざまな共通点があるけれども、このイザナミの葬地が『記』と『紀』で出雲と熊野に分かれているのも、そのような例の一つに考えてよかろう。

男神であるイザナキの最期の土地については、イザナミほど明確には記述されていない。『記』では、ただ「近江の多賀に坐す」という記述があり、『紀』では「幽宮を淡路の洲につくりて、寂かに長く隠れましき」とあって、イザナミの〝葬る〟に対応する、死者を扱う言葉がみられない。このことは、私自身もこれまで気づかなかったけれども、大きな意味をもちそうである。

淡路とイザナキの関係については、『紀』では履中天皇の五年のこととして、天皇が淡路島に狩りをしたときに、供として従っていた河内のウマカイ部の黥（顔の入れ墨）の傷がまだ治りきっていなかったために、この島のイザナキの神が神官の口を借りて「血の臭きに堪えず」と言ったという。つまり、履中五年の記述がいつの時点の話かはともかくとして、イ

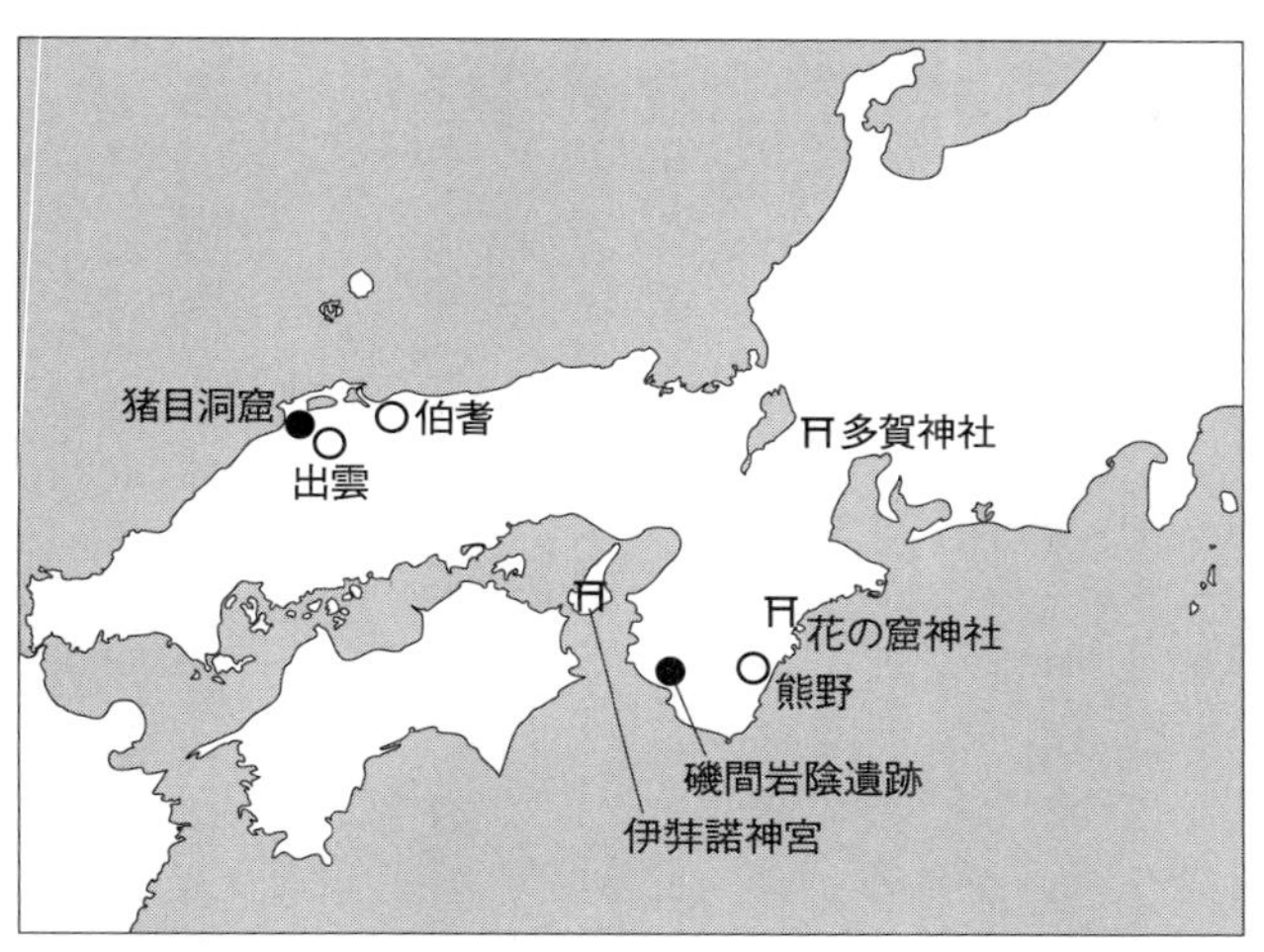

イザナミの葬地

ザナキが淡路島で最期を迎えたという伝承があったのであろう。

淡路は、前章で述べたように『記・紀』ともに国生みにさいして初めて創造されたとする島である。瀬戸内海最大のこの島には、いくつかの後期古墳はあるけれども、前方後円墳の存在は認められていない。このことは、律令体制で、〝国〟扱いをされている対馬、壱岐、隠岐の島々には前方後円墳が認められることに比べると、淡路の特異性といってよかろう。島の広さや生産力、さらに水上交通での重要性などからみて、十分いくつかの前方後円墳をのせるはずであるから、前方後円墳がいまのところ発見されていないということは、ことによると、この島を大和の人たちが聖地視していたからなのかもしれない。

では、どうしてイザナミは、国生みの直接の対象にはならなかった土地である紀伊の熊野とか、出雲と伯耆の境の地に葬られたのであろうか。すでに述べたように、イザナミについては〝葬る〟という表現が使われているのにたいして、イザナキについては〝葬る〟は使われていない。また、後で述べるように、イザナミについては死体が刻々と腐敗する生々しい状況が描かれているのにたいして、イザナキについては死の状態の描写がない。このことは見方によれば、あくまで『記・紀』の体系のうえでの前後関係にすぎないとはいえ、最初に〝葬られた〟つまり墓をもったとされているのは女神（女性）であるということになる。

前章で、『記・紀』の編者、少なくとも『紀』の編者が「倭人伝」を読んで引用していることについてふれたけれども、「倭人伝」のなかに名前をともなって登場する九人の人びと（女二人・男七人）のうち、墓（冢）をつくった記述のあるのは、いうまでもなく女王ヒミコ（卑弥呼）である。ヒミコが死んだあと、「大いに冢を作る。その直径は百余歩（約一四五メートル）。殉葬されたのは奴婢百余人」の名高い記事がある。

具体的な内容はともかく、中国史書に記録された倭人の初めての墓は、男性のものではなく女性のものだったのである。だから、イザナミを〝葬る〟『記・紀』の記載が偶然なのか、それとも「倭人伝」の記述を神話ふうにアレンジしたものか、今後の楽しい検討課題になる。

神話の部分のあと、神武天皇以降の『紀』の記述のうえで、最初にあらわれる詳しい造墓の記事は箸墓についてであって、その墓がヤマトトトヒモモソ姫のもの、つまり女性の墓であることもあわせて注目に値する。

膿わき蛆たかる死体

私が文庫本で『紀』を初めて読んだのは、太平洋戦争の末期であった。そのとき、もっとも強烈な印象を受けたのは、〝神〟であるはずのイザナミの死体の変化の描写の部分であった。この描写は、『記・紀』の編者の机上の創作ではなく、実際の経験・体験に裏付けられた記述ではないかと考えた。まずその文章を見よう。

現代流にいえば、生き残ったイザナキが、愛する妻を死の世界（黄泉）にまで追いかけて訪ねようとした話から始まっている。もっとも神話であるから、死んだはずの妻と会話を交わす形で物語が展開する。イザナミは、自分はすでにヨモツヘグイ（黄泉の世界での食事という意味か）をしてしまった。よく寝て憩おうと思っている。どうぞ見ないでくださいと言った。ところがイザナキは妻を見たくなった。そこで、櫛をとりだして、歯を折りとって、火をつけてみた。すると、膿わき蛆たかって、変化しつつある死骸がそこにあった。今日でも、愛する人を失った場合、その遺体を身近に置こうとする人があるが、この冷酷な描写は、人間の死体の避けられない運命をよく物語っている。
『紀』の一書では、イザナキがイザナミを殯(もがり)の場に訪れる話になっている。殯というのは、定義はむずかしいけれども、人間の死を物理的な変化を通じて確認することであり、またその場所をもいう。ここでは、最初「いけりし時」のように見えた遺骸(いがい)が、火をともすと「脹満(ふく)れ太高(いた)くして、上に八色(やくさ)の雷公(いかずち)あり」と、ここでも死骸の変化を確認している。

日本の古墳時代を前半と後半に分けた場合、遺骸の取り扱いということでは、まったく異なった原則があった。四世紀ごろ、つまり日本列島各地に前方後円墳が造営されだすころは、原則として長大で重厚な木棺に遺骸をおさめ、それを粘土や割り石で密閉し、一度葬った遺骸にたいしては再び見ることを予想しなかった。この場合、木棺を粘土で密閉したものを粘土槨(かく)とよび、割り石で密閉したものを竪穴(たてあな)式石室とよんでいる。

棺(ひつぎ)の内部で遺骸がそのままミイラ化しようと、あるいは時間とともに消滅の方向をたどろうと、そのこととは無関係に遺骸を地下に永久保存することが強く意図された。日本列島でしか出土しない三角縁神獣鏡(さんかくえんしんじゅうきょう)という大型鏡は、化粧道具の鏡としてではなく、むしろ寝憩(いこ)い続ける人間（遺骸）を守り続けるという役割をもった葬具あるいは呪具(じゅぐ)の性格であり、一部の人が主張しているような、ヒミコの使いが魏(ぎ)から与えられたというような、ハレの外交的な舞台で国家から国家に贈与されるというような品物ではなかった。鉄剣や鉄刀についても、大型の銅鏡と同じように遺骸を守る役割のあることも、すでに指摘されている。

このように、古墳時代でもその前半（三時期区分にした場合の前期と中期の一部）には、『記・紀』の神話で描かれているように、遺骸に「膿わき蛆たかる」というようなことを目撃することはなかったであろうし、仮に水難事故などでの死者がそのような状況になっていたとしても、その描写を死後のイザナミの状況にもちこむことはなかったと思う。

古墳時代の後半になると、おおむね六世紀代のことであるが、横穴式石室が大流行する。少し離れて見ると、前方後円墳、円墳、方墳など、古墳の形はさまざまに違うけれども、いずれも墳丘の内部には横穴式石室を隠すようにつくっている。

横穴式石室の起源は朝鮮半島とりわけ高句麗（こうくり）や百済（くだら）の地に求められるけれども、日本列島では天井石に巨石を使うことが一つの流行になった。有名な話だが、奈良県の明日香（あすか）村にある石舞台（いしぶたい）古墳の天井石が七七トンもあるのをはじめ、各地に巨石墳ともよばれる横穴式石室を蔵した古墳がある。

横穴式石室の特色の一つは、墳丘の内部のこととはいえ、出入口をもっていることだ。この出入口には、立派なものは扉をつけており、簡単な場合は犬の頭くらいの石を積んで外界との間を一応、遮断している。つまり、考古学で閉塞（へいそく）の施設とよんでいる部分を取りのぞくと、死者の世界である石室に現世の人間が入ることができるのである。

石舞台古墳へは、一年間に数十万人の見学者が訪れ、人びとに親しまれている横穴式石室ではあるけれども、古い時代に盛土（封土）が取りはずされ、したがって石の隙間から太陽の光がさしこみ、石室の内部がたいへん明るい。だがこれは横穴式石室の本来のイメージではなく、本当はまったくの暗闇の世界なのである。それは現代人の経験しているような、なまやさしい暗黒ではない。私は熊本県阿蘇の国造神社の近くにある上御倉古墳での体験を『古墳の発掘』（中公新書、一九六五年）で述べたことがあるけれども、それはまったく光のない空間なのである。

数年前に関心の集まった奈良県斑鳩町の藤ノ木古墳も横穴式石室をもつ円墳の代表的なものだが、ここには今回の学術調査で初めて人が入ったのではなく、数百年前にも信仰の目的で人びとが石室内に入った痕跡が残されていた。新しい時代の灯明皿を古墳時代の土器の上に置いたり、古墳時代の土器を灯明皿を置く台に転用していたことがその証拠である。つまり横穴式石室というのは、埋葬後に人が入れることを前提につくったものなのである。このことは、イザナミの遺骸の変化を語る神話の舞台装置を知る手がかりになる。

それだけではなく、普通の横穴式石室では一人の死者を安置するのではなく、数体から十数体の死者を安置していることがよくある。かつて考古学の鬼才といわれた森本六爾が横穴式石室のことを〝家族墓〟とよんだことがある。もちろんこの時代の家族の実態はまだ不明

藤ノ木古墳の横穴式石室（写真提供：斑鳩文化財センター）

で、多数の遺骸があるということだけで対応させせるには問題があるけれども、いち早く横穴式石室の特色をとらえた見解だということができる。

大阪府東大阪市に、通称石切神社がある。正しくは石切劔箭神社で第13章にも登場する。私の母は、子供や親戚にできものができると、よくお参りに行っていた。その石切神社の近くに大藪古墳があって、横穴式石室のなかから十一体の遺骸が発掘されたことがある。このときの観察では、最初に安置された遺骸が白骨化すると、石室の奥に骨が集められ、次の死者に中央の場を譲っているというようすがうかがわれた。だから、みかけのうえでの多数の人骨は、同時に葬られたのではなく、数十年の間に追葬を繰り返すことによって、結果として多数埋葬の形になったことが推定された。

大藪古墳のような例はその後、各地で多数見いだされており、横穴式石室とは白骨化を期待した遺骸安置の場であり、さらに白骨化した遺骸を集積する一種の納骨室の機能をも併せもっていることが、ほぼわかってきた。六世紀には、藤ノ木古墳のような立派な石室では家形石棺に葬る場合もあるが、全体としては数は少なく、大半の死者は木棺に納められた。しかも、前期古墳のように頑丈な木棺ではなく、今日のミカン箱を立派にした程度の薄板を使っているから、数年で棺が朽ち果て、石室内に入ると内部の遺骸の変化の状況がいやおうなしに目撃されることになる。目撃するだけではなく、白骨化した遺骸を動かすとなると、さらに生々しい観察を体験的に強いられるわけである。イザナミのあの遺骸の変化の描写は、この時期の体験が語られているとみてよかろう。

熊野と出雲にある海岸洞窟の墓

私は長年、いま述べたように考え続け、しばしばそのような説明を書いてきた。もちろん基本的にはこれでよいと思うけれども、イザナミの葬地が熊野（『紀』）と、広義の出雲地方（『記』）にあるということから、別の見方も必要ではないかと思うようになってきた。三重県熊野市有馬町の海岸近くに巨大な岩陰（いわかげ）をご神体とする花の窟（はなのいわや）神社がある。この岩陰は、いわゆる海食洞窟（どうくつ）の一種で、熊野地方には点々と存在している。

花の窟神社はイザナミの葬地という伝説があり、今日でも二月二日と十月二日にはお綱かけ神事がおこなわれ、『紀』の祭礼を再現している。ただし、この窟は、すでに村上（むらかみ）天皇（在位九四六～九六七）のころの歌僧・増基（ぞうき）が残した紀行文『いほぬし』や、『夫木（ふぼく）和歌抄』（一三一〇年ごろ）の光俊朝臣（みつとしあそん）の歌などにも登場しており、イザナミの葬地として意識されたかどうかは別として、古くからの聖地であった。聖地であるがゆえに未発掘で、この岩陰の地下に古い時代の墓地があるかどうかは、まだわからない。

熊野地方では、和歌山県田辺（たなべ）市の海岸に磯間（いそま）岩陰があり、その内部が古墳時代の墓に利用されていた。石を組み合わせた簡単な石室が八つあって、それぞれが遺骸を埋葬していた。帝塚山大学考古学研究室が出した磯間岩陰遺跡の報告書によると、三号石室では二体の人骨について「追葬する際、もとにあった人骨の頭部だけ、わきによけた」とか、四号石室では四体の人骨について、「先の頭骨が邪魔になるので位置をずらした」りしているなど、追葬がさかんにおこなわれていることがわかる。また、この岩陰内では二カ所に火葬の跡があって、出土した古墳後期の耳飾りから、三体以上が火葬されたと推定されている。

　イザナミの葬地があるとされている熊野の海岸で、岩陰を利用した五、六世紀の墓があり、そこでも追葬がおこなわれていて、さらに遺骸を焼いた形跡のあることは、先ほど述べたイザナミの死の状況の記述に対応させることができる。つまり、イザナミの黄泉の国とは、横穴式石室に違いないと思っていたが、横穴式石室と同時期に墓として使われた自然の洞窟（岩陰）であっても、地理的にも、あるいは時代的にも矛盾はないのである。といって、磯間岩陰遺跡がイザナミの葬地だと言っているのではなく、あくまで『記・紀』の神話の場合の舞台装置を述べているのである。

　一九五四年、私は友人の石部正志氏とともに出雲大社を見下ろす山道を日本海のほうに歩きだした。目的は、約六キロ先の、平田市の海岸にある猪目洞窟を見ることである。その数年前に猪目洞窟は漁船の収容能力を高めるために、内部に堆積している土砂が少し削られた

猪目洞窟の入り口

けれども、そのさい弥生時代から古墳時代におよぶ墓が多数出土し、なかには杉の船材を転用した木棺もあった。洞窟を利用した墓とはいえ、副葬品は貧弱ではなく、南島産のゴホウラ製の貝輪を六個もはめた弥生時代の人骨もあった。磯間岩陰遺跡でも、直弧文（日本の古墳時代特有の複雑な模様）を彫刻した鹿角製のみごとな剣につける柄頭があった。貧しいとかあるいは身分が低いので、古墳がつくれず自然の洞窟を利用したのではなく、海岸の洞窟を墓に使う風習が、これらの地域にはあったとみたほうがよかろう。

『出雲国風土記』には、出雲郡宇賀郷の北の海浜に「黄泉の穴」があるという有名な文章があって、猪目洞窟がその候補とされている。このように、イザナミの葬地があると『記・紀』で述べている熊野地方と出雲地方には、どちらにも海岸の洞窟を利用した墓がある。いままでは、私はイザナミの遺骸の変化についての体験は横穴式石室での知識であったとみていたけれども、海岸洞窟の墓をも射程にいれる必要が浮かんできた。

第2部　三種の神器

第3章　草薙剣

出雲にあった草薙剣

神話の展開の順序と少し違えて、神話に登場する三種の神宝、俗にいう皇室の〝三種の神器〟のうちの草薙剣について考えてみよう。

〝三種の神器〟については、『記・紀』および斎部広成があらわした『古語拾遺』の関係記事だけで定義づけることはかなりむずかしい。それにもかかわらず、戦前の教育を受けた日本人には、ある種の〝国民的常識〟があって、今日でも根強いものがある。たとえば一九〇三年（明治三十六）版の『国定日本歴史教科書』では、「代々の天皇あひつたへて、皇位の御しるしとなし」と、つねに宮中にあったが、崇神天皇のときに別に鏡と剣とを模造し、真の鏡は伊勢神宮に、真の草薙剣は熱田神宮のそれぞれ神体となったと説明されている。これなどに〝国民的常識〟が代表されているであろう。

前章で、イザナキとイザナミの二神の間に三貴子が誕生したことを述べた。姉が天照大神、弟がスサノヲである。高天原でのスサノヲのはなはだ無状な行動、つまり荒々しい行動が天照大神を天の岩戸に隠れさせるという事態をまねき、そのあとスサノヲは髪を抜かれ、手足の爪を抜かれて償わされ、追放されたことになっている。

高天原を追放されたスサノヲは、出雲の国の簸の川上に到着した。ここで、悲しみにうちひしがれている老翁（アシナヅチ）と老婆（テナヅチ）と一少女（奇稲田姫）とに出会った。事情を聞くと、年ごとに八岐大蛇に村の娘が呑まれており、まもなくこの少女がその運命にあうのだという。そこで、スサノヲは八岐大蛇に酒を飲ませるなど、さまざまな計略をめぐらせて、十握剣で寸断していったところ、尾を切ったときに剣の刃が少し欠けた。これがのちにいう、斬蛇の剣である。そこで尾を縦割りにしてみると、なかに一つの剣があった。これがいわゆる草薙剣である。また一書では天叢雲剣の名も伝えられている。大蛇がいる場所の上にはいつも雲気があったから、その名がついたという。スサノヲは、これは神剣であるといって天照大神に献上した。

八岐大蛇退治の後、スサノヲは奇稲田姫と〝まぐわい〟をして大己貴神を生んだ。この神が神話のうえでの出雲の国作りをおこなったのである。大己貴神とは、大国主、大物主など、多くの異名をもっているともいわれている。ただし、スサノヲとの関係について、児と書く場合（本文）と、五世の孫が大国主であると書く場合（第一の一書）と、六世の孫が大己貴である（第二の一書）などがあり、時間的な隔たりについてはさまざまに想像されていたふしがある。

なお、出雲の国作りやそこで展開した伝承については第7章で扱うが、「日本海西地域の古代像」（『海と列島文化2　日本海と出雲世界』小学館、一九九一年）で詳しく述べた。要するに出雲という土地は、神話や『記・紀』でのヤマト朝廷の展開のうえで、きわめて重要な役割を果たしたにもかかわらず、たとえば〝ヤマト朝廷に服従したのが『記・紀』の成立の時代に近いために神話などに多く登場する〟というように、その重要性が語られていない傾向が強い。草薙剣とは、もとは出雲の地にあったということを念頭におきながら以下の文章を読んでほしい。

僧道行と法海寺

『日本書紀』には、奇妙な記録が載っている。天智天皇七年（六六八）に起こったことだが、この年は中大兄皇子が即位した年である。記事はごく簡単なもので、「沙門道行、草薙剣を盗みて、新羅に逃げ向く。而して中路にて雨風荒れ、迷いて帰る」。

道行という僧については、『記・紀』のうえではこれ以外にはあらわれないが、愛知県の知多半島北部の知多市にある名刹・法海寺は、道行を開基として信仰を集めている。境内の発掘で弥生土器以来の遺物が出土しており、さらに七世紀末ごろに始まり、奈良時代、平安時代の瓦も出土していることから、この地域での安定した生活の場（有力な村）に、天武天皇のころに大伽藍が営まれたことがわかる。

知多半島北部を代表する仏教寺院の建立者が、『紀』によると草薙剣を盗んだ道行であるというのであるから、『紀』の記録にはよほどの謎がありそうである。

『法海寺略由緒』によると、「往昔新羅国明信王の太子道行法師となん謂へる僧、父明信王の命をうけ我が国に渡来して、熱田の宝剣を盗み逃げ去らんとしけるに、事発覚して（中略）星崎の浦なる土牢の中に囚致せらる」。星崎というのは、熱田の東南、知多半島のほぼつけ根にあたるという。ところが、修行をつんだ高僧であるということが認められ、天智天皇が病になったときに加持法を修せしめたところ、天皇の病気が治り、薬師如来を本尊とする法海寺の基礎ができたという。知多地方の研究に長年とりくんでいる日本福祉大学の福岡猛志教授は、道行について「熱田近辺から知多にかけての地域で活動していた僧侶だったのではないか」と述べ、その存在と役割に注目している（「熱田社とその信仰」『海と列島文化８

伊勢と熊野の海』小学館、一九九二年）。

天智天皇七年の記録から、七世紀の後半には草薙剣が尾張の国の熱田社（神宮）に安置されていたとみてよかろう。というのは、その事件から十八年たった天武天皇朱鳥元年（六八六）に、次のような関連する記事がある。この年、天武天皇の病が重くなったので、

> 天皇の病を卜ふに、草薙剣に祟れり。即日に、尾張国の熱田社に送り置く。

現代の常識からみると、占いによって草薙剣の祟りとわかるわけではなく、長年にわたって草薙剣を熱田社に戻さずに、宮中に置いていたことにたいする批判や非難があったことを、この記事は示していると私には思える。とくに天武天皇は、皇位継承の大戦争である壬申の乱を戦いぬいた大海人皇子であり、その戦いのさなか、尾張国司守小子部連鉏鉤が二万の衆を率いて味方についたことが勝敗を左右したのであるから、熱田社への剣の返還は尾張勢力の発言があったことによると推察される。

草薙剣が盗まれてから宮中に置かれ、さらに熱田社に返される途中にあたる天武天皇四年（六七五）、土左（佐）大神が神刀一口を天皇にたてまつっている（『紀』）。土左大神とは、高知市一宮にある土佐神社のことである。

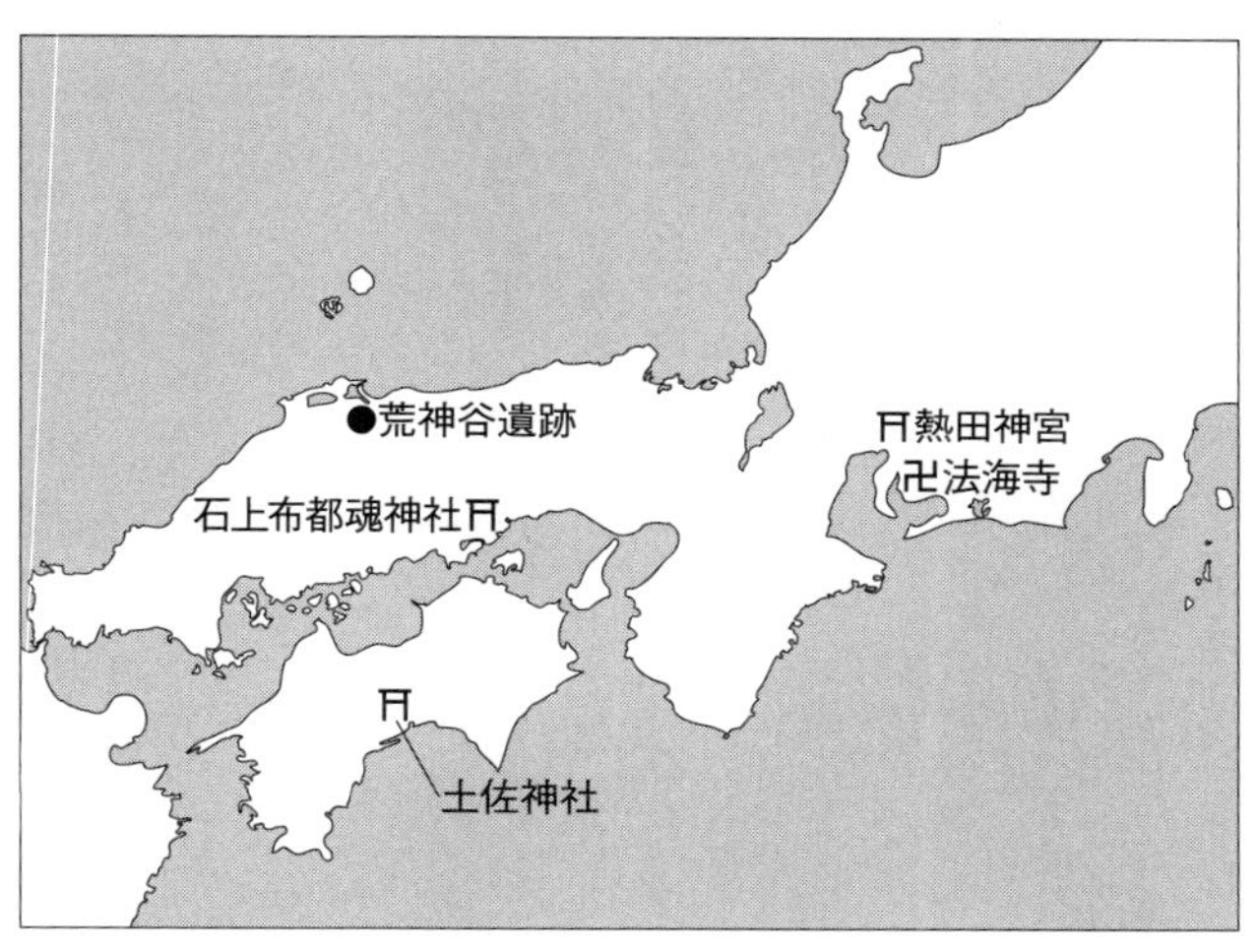

剣の動きに関連する寺社

草薙剣を熱田社に戻したのは天武天皇朱鳥元年六月のことであるが、興味深いことにその直後の八月に、天皇の病気平癒のため秦忌寸石勝（はたのいみきいわかつ）を土左大神に遣わし幣（みてぐら）をたてまつっている。普通は草薙剣だけが名高いが、土左大神の〝神刀〟も、先に述べた八岐大蛇退治での〝神剣〟に対比することができる。

このことから、三つのことが想定される。

(1)道行が草薙剣を盗んだ後、すぐには行方がわからず、そのための処置として各地の神社から由緒のある武器を集めようとした。その一例が土左大神の神刀である。

(2)天智天皇から天武天皇に至るころ、各地の神社（在地勢力）から由緒のある武器を宮中に集めたのではないか。道行の事件は尾張勢力からみれば盗まれたことになるが、それを仕組んだのは天皇勢力そのものであり、そのことが法海寺の建立という矛盾する事態につながっているのではなかろうか。

(3)『紀』の第四の一書では、スサノヲがその子イタケル（五十猛）を率いて新羅の国に渡ったが、その地に留まることを欲せず、埴土の舟で出雲の国の簸の川上の鳥上の峯に至ったと伝える。イタケルについては、別の機会に述べることにして、異伝とはいえ、スサノヲと新羅との関係を伝えており、そのことが道行の行動につながるのかもしれない。

草薙剣が盗まれたという六六八年から法海寺の建立、とくに瓦葺きの伽藍が営まれるころまで二十年前後と考えられるから、私は(2)の解釈に魅力を感じる。もしそうであれば、この神剣は一度、宮中にとめ置くことによって初めて〝皇室の三種の神器〟としての社会的認識が作られたのではなかろうか。古代史であまり注目されていない事件であるので、これからも道行については、わずかの伝説にも注意してさらに深めてゆきたい。

斬蛇の剣と吉備の石上布都魂神社

スサノヲと八岐大蛇の争いでは、結果的には草薙剣は威力を発揮せず、十握剣が敵を倒した。この剣を斬蛇の剣とよんでおこう。斬蛇の剣については、『紀』の一書において「韓鋤の剣」とも「蛇の麁正」などともいわれているけれども、私が注目するのは草薙剣が「今は尾張国に在る」（第三の一書）のにたいして、斬蛇の剣は「今、吉備の神部のところに在る」とも「今、石上にます」とも伝えられていることである。これも常識的にみれば、八岐大蛇を切り断った剣のほうが、神話に述べられた国土創造の過程において、より価値があったと思われるのに、それは皇室の神宝には加えられずに、出雲に隣接した吉備に置かれたというのも謎である。

よく知られたことではあるけれども、漢帝国の創始者である高祖・劉邦が、まだ微賤であったときに大蛇を切っている。つまり、酒に酔っていた高祖が、道をふさいでいる大蛇を切ったのである。その剣は「斬蛇の剣」とも「斬白蛇の剣」ともいわれ、のち漢王室の重宝となった（『史記』）。草薙剣について、この漢の高祖の斬蛇の剣との共通性を述べる研究者もいて、私もその説の魅力は捨てがたいものの、日本神話のうえでは草薙剣と斬蛇の剣とは峻別されていると考えている。もしそうであるとすれば、草薙剣は本来、出雲の土地にあったがゆえに神宝となりえたのであろう。

斬蛇の剣があったとされる石上布都魂神社は、吉備でも備前国にある。岡山県赤磐郡吉井町石上にあり、津山線金川駅からが近い。石上の集落から見上げると、秀麗な神奈備山型の山頂に社殿が営まれていたが、明治末の火災ののち、今日のように中腹に社殿が移された。神社の略記では、祭神は素戔嗚尊であり、大和の石上神宮からこの地に移りまつったとなっている。

石上布都魂神社のある吉井町を東のほうに山道を約一六キロ行くと、吉井川流域に至る。その川の左岸の久米郡柵原村飯岡には、刀や剣など多数の鉄製の武器を出したことで名高い五世紀中ごろの月の輪古墳がある。この付近は、古墳時代の製鉄地帯であり、平城京から出土した天平十七年（七四五）十月四日の日付をもつ木簡には、「備前国赤坂郡周匝郷調鍬十口」とあり、八世紀に鉄製品を郷の責任で負担していることがわかる。現在の赤磐郡とは、律令時代の赤坂郡の一部であり、とくに周匝郷は製鉄地帯の中心であるとともに、吉井川上流の美作から河川交通を利用してもたらされる鉄をはじめとする物資の中継基地でもあった。

日本列島での鉄生産の歴史は、六世紀ごろになると大規模な製鉄が開始されたと推定されている。というのは、山野に大量の製鉄のクズ（鉄滓）の残された時期から考えられているのであって、それ以前の少量で良質の鉄を生産したであろう段階については、いまのところ考古学的に把握することがむずかしい。だから、あくまで大規模生産という前提があってのことであるけれども、六世紀代の製鉄遺跡は岡山県、広島県（備後の範囲）、福岡県などに知られていて、吉備の鉄生産は出雲よりも早く活発になっているのは事実とみてよかろう。その意味で、斬蛇の剣を保管したと『紀』の一書に伝えられている吉備の土地は、日本列島で早くから鉄生産が軌道にのった地域であるといっていい。

斬蛇の剣が吉備にあることについては、次のようになお若干の問題が残るであろう。

(1)第１章で述べたように、吉備のうちでも備中が在地の勢力がつよく、備前は備中にくらべると大和と政治的なつながりがつよかった。だから、備前にその剣が置かれているとみてよいのか。それとも、

(2)大和勢力にとって容易に掌握することのできない吉備にたいして、何よりの強圧的な証としての斬蛇の剣をとめ置いたのか。それとも、

(3)『史記』に語られている漢の高祖の斬蛇の剣の物語が、スサノヲとその子孫とされる出雲の神々の歴史的価値を高めることを恐れて、吉備の山間部で神部に管理させたのであろうか。

それはともかく、鋭利な鉄製の剣がその正体ではないかと推定される。

スサノヲが天照大神にたてまつった草薙剣については、その後しばらく『記・紀』には姿をあらわさない。これも有名な話だが、景行天皇の皇子・ヤマトタケル（日本武尊）は、「東夷の叛」を制圧するよう父から命じられたさい、道を枉って、つまり本来のルートからはずれて伊勢神宮を拝んだ。このとき天照大神（八咫鏡）を祀る叔母の倭姫命から草薙剣を授けられ、東国での経略に携えていった。

この記事は、ある時期に〝三種の神器〟のうちの八咫鏡と草薙剣とが伊勢神宮にあったと

する伝承があったことを示している。文化人類学者で日本の古代史にも詳しい大林太良氏は『新唐書』（高句麗伝）に記された高句麗の始祖王としての朱蒙（東明王）の祠が遼東城にあって、その祠には天降った鎖甲と銛矛の武器があり、美婦がそれらを祀っており、その美婦が倭姫命などの女性司祭者（のちに斎王として制度化される）に共通するところがあり、天照大神を祀る神宮（祠）に高句麗的な政治思考の影響があるのではないかと示唆されたことがある（『世界の聖域11　伊勢・出雲』講談社、一九八〇年）。

『古事記』では、ヤマトタケルは草薙（那芸）剣を受け取ったあと、尾張国に行って尾張国造の祖ミヤズヒメの家に滞在した。すぐにヒメと結婚をしようと考えたが、東国の平定が終わったあとにしようとし、東国をめぐった後、尾張に戻り、結婚した。その後、草薙剣をミヤズヒメのもとに置いて、伊吹山の神を鎮めに行き、失敗して命を失うことになっている。日本武尊のことについては、熱田神宮周辺の古地形、とくに海上交通での役割や考古学的な遺跡の問題などについて、「海人文化の舞台」（『海と列島文化８　伊勢と熊野の海』小学館、一九九二年）で述べた。

赤土でつつまれていた草薙剣

言語学・国語学の知識による、草薙剣とはどういう性格のものかという研究はいくつかある。それを別にすると、草薙剣の材質、とくに銅か鉄かということ、あるいは大きさや形については『記・紀』の記述からはうかがうことができない。

一九四六年に後藤守一氏は「三種の神器の考古学的検討」という論文を雑誌『アントロポス』に発表し、のち『日本古代史の考古学的検討』（山岡書店、一九四七年）という単行本に収録された。敗戦の翌年に書かれたものだが、常識の豊かなことと発想が自由自在であることに、当時十八歳の私は驚嘆した覚えがある。この論文のなかで後藤氏は『玉籤集　裏書』として残された、熱田の社家四、五人がひそかにご神体である草薙剣を見たとき（江戸時代）の記録を紹介された。この記録については私は長年、さほどの関心を示さなかったが、一九八四年に島根県簸川郡斐川町神庭にある荒神谷遺跡で、一つの埋納の穴（坑）から弥生時代の銅剣三百五十八本が発掘されるにおよび、改めて注目するようになった。

三百五十八本といえば、江戸時代の古記録にあらわれた発見を加え、さらに明治時代から一九八三年までのさまざまな発掘で得られた銅剣の総数を上まわるものであった。この想像をこえた大量の銅剣の埋納は、従来うすうす気づかれていた古代出雲のすごさを目のあたりにさせることになったが、さらにこの遺跡の所在地は、古代の行政区画で示すと出雲国出雲郡内にあり、いわば出雲のなかの出雲というべき土地柄であった。私は、大量の銅剣そのものにも驚嘆したけれども、遺物の出土状況、別の表現をすると、遺物の古代人による取り扱われ方、つまり考古学的状況に注目したのである。

『玉籤集裏書』に書かれた見聞が事実としても、あくまで神官たちが隠し火によって恐る恐るうかがい見たという前提があるので、ご神体である草薙剣そのものをどれだけ詳細にかつ冷静に観察できたかは疑わしい。それよりも、どういう状況で保管されていたかについては、実際を伝えているのではないかと私は考えている。このご神体は五尺（約一メートル五〇センチ）ばかりの木の箱に入っていて、木箱のなかに石の箱があった。そして木箱と石の箱の間は「赤土にてよくつつめり」の扱いをしていた。さらに石の箱のなかに樟(くす)の箱があって、その箱のなかにご神体が入っていた。ところが、この石の箱と樟の箱の間も同じように「赤土にてよくつつめり」となっていた。

今日の常識では、財産価値のある物あるいは歴史的・信仰的に価値のある物を保管する場合、それを納めたケースを赤土でつつむということは考えつかないことであろう。しかも熱田神宮の草薙剣は、二重に赤土でつつんでいたことになる。私は、この状況に出雲と草薙剣を結ぶ一つの手がかりがあるように考えている。

一九九二年十二月、徳島市の矢野(やの)遺跡で九八センチもある大きな銅鐸が弥生時代の集落のなかに穴（坑）を掘って埋納されている状況で見つかった。銅鐸の一方の側辺を上にしてねかせてあって、これはいままでに埋めた状態で見つかったすべての銅鐸の置き方に共通した

矢野遺跡出土銅鐸の埋納状況（写真提供：徳島県立埋蔵文化財総合センター）

作法であるばかりか、荒神谷遺跡での銅剣の置き方にも見られた。ところで矢野の銅鐸は美しい土でつつまれていて、現地で見た瞬間、草薙剣の安置法の伝聞を思い浮かべたことはいうまでもない。

熱田の神官たちの見聞では、最後の樟の箱のなかに長さが二尺七、八寸（八一〜八四センチ）で、刃先が菖蒲（しょうぶ）の葉のようになり、中ほどはむくりと厚みがあり、全体が白い色をした剣があった。だが、先ほども述べたように、ご神体をうかがい見たという前提では、遺物にたいする観察の部分は、大ざっぱな印象を伝えるにすぎず、剣の安置方法についての観察よりは資料的に弱いと推察できる。後藤氏は、この見聞によって草薙剣は銅剣ではないかと考えられたけれども、当時、主として北部九州の弥生遺跡で出土していた銅剣に比べると、長さが長大にすぎるという点で躊躇（ちゅうちょ）を表明しておられた。

荒神谷遺跡の銅剣

荒神谷遺跡では、一つの埋納の穴に整然と四列に三百五十八本の銅剣が片一方の刃を上にして置かれていたけれども、私が発掘の現場を訪れたときに感じたことは、それらの銅剣が北部九州の弥生遺跡で出土する銅剣類に比べ、概して長大であるということであった。従来からも島根県では、このような長大な銅剣が点々と出土していたので、おそらく製作の中心

荒神谷遺跡から大量に出土した銅剣（写真提供：島根県教育庁埋蔵文化財調査センター）

地も出雲のうちにあると考え、とりあえず〝出雲式銅剣〟の名称を使った。ただし、当時は出雲での生産を考える人は、考古学者のなかには多くはなかった。

一九九一年に、東京国立文化財研究所の科学者たちは、非破壊分析と鉛同位体比測定とによる科学的調査で、荒神谷遺跡の銅剣を研究し、その結果を『保存科学』三〇号に発表した。そのうちの一部を紹介すると、「鋳造は荒神谷の中または近隣で行なわれ」たとか、「多くの場合、溶融した湯は一本毎に用意されて鋳造された」のように、出雲での生産、それも遺跡にきわめて近い場所での生産を立証しようとしている。私にとっては力強くもあり、かつ当然の結論のように思える。

荒神谷遺跡の銅剣は、武器の金属の部分だけであって、本来そこに木製などの把がつく。その部分を推定すると、長さは六〇センチ前後となり、先に述べた熱田の神官たちの見聞の長さにかなり近づいてくる。いまの段階では、長さの点だけでいえば北部九州の銅剣よりも荒神谷遺跡に残されたような出雲式銅剣のほうが、より草薙剣に近い。

荒神谷遺跡では、埋納坑の周辺で反復して強力な火が焚かれている。最初、この遺跡の発掘の動機となったのは、荒神谷の斜面に古墳時代の須恵器の破片が散布しており、ことによると須恵器を生産した窯跡があるのではないかと考えられたからであるけれども、これらの焚き火・焼土の堆積は、土器の生産にともなうものではなく、この土地の名である神庭がいみじくも示しているように、信仰上の動機でおこなわれたものと私は推定している（「日本海西地域の古代像」『海と列島文化2　日本海と出雲世界』小学館、一九九一年）。

荒神谷遺跡の銅剣は、弥生時代の中期末から後期にかけてのある時点で製作されたものであろう。とはいえ、荒神谷に埋納された時期、あるいは地下に「赤土でつつんでいた」銅剣を信仰の対象にしていた時期については、古墳時代をも考慮する必要があると考えている。このこともすでに前掲論文でふれたけれども、荒神谷で地下に穴を掘り、結果的には赤土でつつむという安置・保管方法が、熱田神宮での草薙剣の安置方法に伝統として根強く受け継がれているのではないかという思いがしてくる。

このように考えるからといって、荒神谷遺跡にあったような銅剣と同じものを草薙剣とみているのではない。これらは、科学者たちが言うように一本ずつ作ったもの（一本ずつという意見もある）であっても、規格品を大量に生産しているのである。だから、まだ発見されてはいないが、出雲の青銅器生産の技術の粋をこらしたような長大な銅剣が、いまのところ私の脳裏に草薙剣のイメージとして浮かびあがっている。

第４章　八咫鏡

伊勢にたどり着いた八咫鏡

〝三種の神器〟（神宝）の筆頭に、普通、数えられるのが八咫鏡（やたのかがみ）である。スサノヲの行動が乱暴になって、天照大神（アマテラスオオミカミ）が天（あま）の石窟（いわや）に入り、磐戸（いわと）を閉ざしてこもったため、神々の世界が真っ暗になり、昼と夜の区別もわからなくなった。神々が対策を練って、石窟の前にマサカキの木をたて、それにさまざまの祭器をつりさげて、祭りをおこなうことになった。このとき作られたのが八咫鏡だと、『記・紀』ともに伝えている。

八咫鏡は、天照大神によって「この宝鏡を視ること、吾（われ）を視るがごとくすべし」、つまり自分の代わりになるものとして、ニニギノミコト（神武（じんむ）天皇を三代さかのぼる）に授けられ、さらにカムヤマトイワレヒコ（以下、イワレヒコと略す。神武天皇）の九州からの遠征にともなって、あるいは遠征事業が一段落したあと、大和にもたらされたと推定される。代々天皇とは〝同床共殿〟つまり同じ住居に保管され、伝世してきた。けれども、ハックニシラススメラミコト（崇神天皇）のときに別の場所に安置するようになり、その次に即位した垂仁天皇の時代に、伊勢に祀るようになったという。このとき、天照大神、直接的には八咫鏡を祀るべき土地を求めて、近江、美濃を経て伊勢に至る旅をしたのがヤマトヒメ（垂仁天皇の子、倭姫）であり、斎宮を五十鈴川の川上に建てたという。このヤマトヒメは、前章で述べたように、次の天皇（景行）の時代になって、ヤマトタケルに草薙剣を与えた人物でもある。

八咫鏡の物語では、少なくとも次の諸点が基本事項として抽出できる。

(1)大和を含む近畿地方以外の土地で製作された。
(2)太陽の神としても描かれている天照大神を造形したものである。
(3)伊勢湾の海岸にほど近い伊勢神宮に安置されている。
(4)制度化するのは七世紀の大伯（来）皇女以降と推定されているけれども、ヤマトヒメ以来、未婚の皇女が派遣されて祀りをおこなっている。

これらの諸点をふまえながら、どのような鏡が推定できるであろうか。また、伊勢に祀った理由は何であろうか。

まず、小さなことから考えてみよう。

神宝を磨いた丹生水銀

『記・紀』の神話部分の体系では、⑴神々の世界は高天原（たかまがはら）であった。⑵高天原から日向（ひゅうが）とも筑紫（つくし）とも描かれている九州に至った、⑶これはのちに扱うが、イワレヒコのときに九州から大和への東遷があった、とされている。ということは、物語のうえでは、八咫鏡は高天原で作られたとなっているので、九州よりも遠方の土地での製作ということになる。果たして考古学でいう中国鏡（舶載鏡（はくさいきょう）ともいわれる）もしくは実例はきわめて少ないが、朝鮮半島製の鏡の可能性があるのであろうか。これについては、さまざまの説明をした後で扱うことにしよう。

まず、伊勢の問題を考えてみよう。

大和に根拠地をおいた支配者たちからみると、太陽は東から昇るわけであるから、もっとも近い場所で海上から朝日が出るのは伊勢の海岸である。しかも伊勢湾は、その東方には関東や東北地方が展開し、そこへ至る水陸交通の要地である。

埼玉県行田（ぎょうだ）市の埼玉稲荷山（さきたまいなりやま）古墳で出土した鉄剣の銘文中に名を残した獲加多支鹵（ワカタケル）大王（だいおう）は、雄略（ゆうりゃく）天皇であると推定する説が多い。『記』には、この天皇の治世のことと

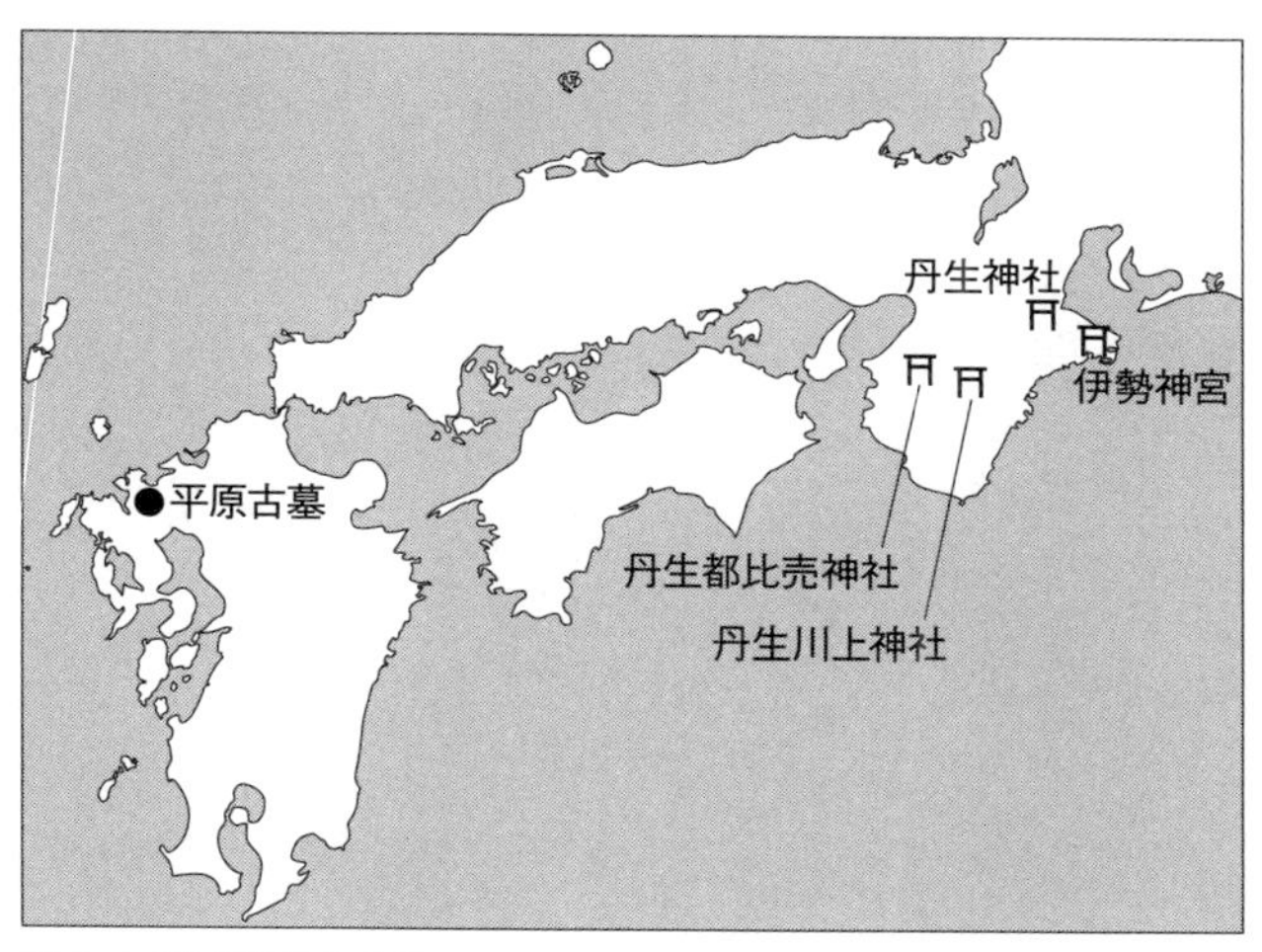

鏡と水銀に関連する地

して一つの物語が伝えられている。饗宴の最中、三重のウネメ（采女）が捧げた酒器に木の葉が浮かんだ。それを怒った雄略天皇がそのウネメをうちふせ、刀を頸にあてて殺そうとしたとき、ウネメが「申すべきことがあります」と言って、歌を詠んで許されたという。それは、かなり長い天皇賛歌で、天皇の宮殿をさまざまに褒めあげたものであるけれども、宮殿に生いたっている槻（ケヤキ）の巨木の枝が〝東を覆えり〟と、東方にも勢力が及んだことを述べている。私は、三重のウネメが許されたのは、単に天皇賛歌を歌えたということではなく、伊勢の出身者が太陽の出る方向にまで天皇の力が及ぶことをたたえたのによっていると思う。伊勢とは、そういう土地なのである。

私は一九九一年三月二十三日、二見浦（ふたみがうら）に宿をとった。多くの人の足音に目をさまして早朝の海岸に至った。普通の日であるのに、すでに百人くらいの人が集まって日の出を待っていた。一年のうち、夫婦岩（めおといわ）の中間から朝日が昇る日もあるそうだが、この日は夫婦岩の右方向（南）の低い山の向こうから強烈な火の塊があらわれ、大阪や京都で知っている朝日とはまったく異なった厳粛さに打たれた。伊勢神宮が伊勢湾にほど近い場所を選んでいることは、東方支配と朝日の両方の問題にかかわっているとみてよかろう。

ワカタケルと東方支配、それにくわえて朝日が話題になると、『紀』の雄略十八年にある伊勢の朝日郎（あさけのいらつこ）についてもふれねばならない。ワカタケルは、物部菟代宿禰（もののべのうしろのすくね）や物部目連（めのむらじ）を派遣して、伊賀（いが）の青墓（あおはか）で激戦のすえ朝日郎を殺している。ここに登場する青墓とは、三重県でもっとも大きい前方後円墳である上野（うえの）市の御墓山（おはかやま）古墳だとする説がある。壬申の乱のとき、箸墓が戦場になったことを思うと、その可能性は高い。それはともかく、ワカタケルによって倒された伊勢の豪族がその名に朝日をつけていたことは注目してよかろう。

伊勢は、水銀の産地として名高い。とくに伊勢神宮に近い飯高（いいたか）郡がその産地である。奈良時代には、水銀の産出を背景に強大な富を築いた飯高氏が宮廷でも勢力をふるっていた。伊勢の水銀は、丹生（にう）水銀の名で知られ、丹生津（にうつ）ヒメを祭神とする丹生神社（丹生大師）が、古代の水銀の産出の背景にある信仰の中心である。

近畿地方には、伊勢のほかにも水銀を産出し、かつ丹生信仰を残す土地として、和歌山県の高野山の近辺（丹生都比売神社、かつらぎ町上天野）と金峯山の奈良県吉野（丹生川上神社）がある。とくに吉野には持統天皇がしばしば行幸しているのは名高いことである。私は、近畿地方のこれらの丹生について、それぞれの地域的特色を考えている。つまり吉野は天皇とのかかわり、高野山は真言の仏とのかかわりが想定されそうである。二つの土地の丹生信仰をそのようにみるならば、当然、伊勢の丹生は天照大神とのかかわりが基本的に考えられるであろう。

水銀は、古墳のなかで遺骸を葬るときに朱として用いられるなど、古代人の信仰と深くかかわっている。それは、不老長寿・不老不死の理想と密着したものである。だが、見逃せないのは鏡を磨くときに用いる重要な物質であるということである。富山県の民俗学者・本庄清志氏によると、江戸時代には、富山県の氷見に鏡研ぎの職人が集まっていた。彼らは鏡を磨くのに水銀六〇グラムにシャリキン（細かい砂）二三グラムの割合で混合した〝練り〟を作り、それを鏡面に塗って朴の葉でこすったという（『日本民俗文化大系14　技術と民俗　下』小学館、一九八六年）。鏡は磨きあげ、輝きを失わないことが神宝の条件である。

私は、一九七五年に福岡県前原市の原田大六氏宅で、青いサビの出た鏡の破片と、まるで銀板のような輝きをもった鏡の破片を見せられ、驚嘆したことがある。同じ鏡の破片で、片方を原田氏が右に述べたような伝統技術で磨きあげたものであった。この破片になった鏡は、のちに述べる平原古墳から出土した三十九面の銅鏡のうちの超大型鏡である。

このように考えると、伊勢は丹生水銀の産出地であり、言い換えれば、実際に鏡を磨くこともできる良質の水銀を産する土地であった。もちろん生産量のうち、ごく一部が鏡磨きに使われるとしても、大和朝廷にとってもっとも重要な鏡を安置する土地としては、鏡の維持に必要な物質を産出する土地がのぞましいのである。このことは些細なことではあるけれども、伊勢が天照大神を祀るべき土地として重視された一つの理由に加えてよかろう。

三角縁神獣鏡の「謎ならぬ謎」

「倭人伝」では、魏の皇帝が女王ヒミコに与えた詔書のなかに、下賜品の目録が含まれているのは名高いことである。主要な下賜品は毛織物と絹織物であって、全体のほぼ終わりに、〝銅鏡百枚〟が記されている。三世紀の魏の時代には、魏の領域が広がっていた華北の生産力・技術力が衰えていて、銅鏡生産の中心は華中、とくに江南の地に集中していた。そのため、華北では鉄鏡も生産されており、このような前提で「倭人伝」の詔書を読むと、〝銅鏡ばかりをプレゼントします〟という意味が、言外に示されている。

この「倭人伝」の記録から、三世紀の倭人が銅鏡をつよく求めていたことはうかがえるけれども、考古学の資料によると、倭人と銅鏡の出合いは、それより四百年ほど古い、中国の前漢時代にさかのぼる。だが、それは日本列島全体ではなく、弥生時代中ごろには、北部九州、とくに福岡県と佐賀県の人びとだけが大量の銅鏡を手に入れていたのである。主として北部九州だけに流行した大きな土器（甕）を二つ合わせた墓（甕棺）に、青銅製の武器類や南島産の貝で作った腕輪をはじめとする各種の装身具とともに鏡が納められていることから証明される。

弥生時代には、中国人が王とよんだような支配者層の人びとやそれに次ぐ上層の身分の人たちが墓に鏡を入れる風習が、中ごろだけではなく後期にも続いている。これは北部九州に集中しており、現在知られている資料では、大和の弥生遺跡では漢式鏡は一例も出土していない。このことは文化や富の優劣ではなく、銅鏡を墓に入れる習慣を大和の弥生人たちはもたなかったのである。

必要なことに限ると、弥生中期は前漢時代の鏡、弥生中期末から後期は後漢時代の鏡が主になっており、それらは同類が中国の遺跡からも出土しているという意味で、中国鏡あるいは舶載鏡とよばれている。この時代、北部九州でも銅鏡の生産が始まっていて、それらは仿製鏡とよばれ、弥生遺跡からはその一部の鋳型も出土している。

弥生時代の仿製鏡は、製作地でいえば倭鏡とよぶべきものであるが、前漢や後漢の鏡より直径が小さく、小型鏡とよばれている。だが、のちに述べるように、この常識は平原古墓の発掘によって、一新されたのである。

弥生時代が終わって、前方後円墳が西日本のみならず東日本でも突如として造営される古墳時代になると、〝謎の鏡〟といわれる三角縁神獣鏡（さんかくえんしんじゅうきょう）が大流行した。謎といわれる理由は、日本の古墳に大量に出土するにもかかわらず、一部の学者が中国製、それも魏の鏡だという仮説を立て、中国に出土しないという事実を、考古学資料によってではなく言葉の操作でカバーしようとしているという点にある。だが、考古学の方法に徹すれば謎はどこにもなく、江南系の鏡作り工人の渡来によって、さらに弥生時代の発達していた青銅器生産の技術をも取り入れ、おそらく近畿地方が生産の中心になって大量に製作されたと推定される鏡である。この鏡は直径が二二センチ前後で、同時代の中国の尺寸に直せば、ほぼ九寸の大型鏡である。

この鏡は、もちろん広い意味では鏡であるけれども、単なる化粧道具ではなく、不老長寿の信仰を背景に、屍（しかばね）を永久に保存したいという呪具・葬具の性質をもっていたと、私はみている。考古学的には重視されている鏡ではあるが、その性質を考えると、一部の学者が考えるような舶載鏡であっても、あるいはそのほとんどが日本製（ごく一部は江南での製品の可能性は残る。しかし、魏鏡ではない）であったとしても、その性質上、いま話題にしている八咫鏡の候補からは省いてよかろう。

三角縁神獣鏡は、四世紀代に流行した鏡で、弥生時代を含めて日本の古墓・古墳で出土している数千面の鏡のうち、もっとも数の多い種類の鏡である。三角縁神獣鏡が流行している四世紀代には、数は多くはないけれども直径四五センチ（山口県柳井茶臼山古墳）や直径四〇センチ（奈良県柳本大塚古墳）などの超大型鏡、さらに勾玉文鏡（大阪府紫金山古墳）や家屋文鏡（奈良県佐味田宝塚古墳）など、日本的な意匠の鏡も作られている。これらは、単に漢式鏡をコピーしたという意味での仿製鏡に含めるには無理がある。つまり、倭鏡技術の最盛期のほぼ終末を飾った遺品であった。

三角縁神獣鏡の流行が終わるころから、古墳の数はしだいに増え、とくに六世紀代には爆発的ともいえるほど多数の古墳が各地でつくられるようになった。しかし、鏡の流行は弱まっており、当時の工芸技術は、馬具や冠など四世紀にはなかった分野に集中した観がある。このように、銅鏡の製作技術は前の時代よりもかえって衰えている。だから、優秀な鏡を製作することは、五、六世紀にはかなりむずかしいことであったであろう。

鏡の変遷の概要が少し長くなったけれども、問題の八咫鏡はこの流れのなかで、どのように位置づけたらよいのであろうか。まず、材質から考えてみよう。

太陽を造形した「草薙剣」「伊勢大神」

前章の「草薙剣」でも少しふれたが、〝三種の神器〟という場合、伊勢神宮や熱田神宮にある鏡や剣と、天皇家に伝えられ皇位継承の神器とされているものとは、分けて考えねばならない。一九九一年のＮＨＫテレビドラマ「太平記」で頻繁に登場した北畠親房も『神皇正統記』のなかで、「内侍所は神鏡なり、八咫鏡と申す。正体は皇太神宮に斎ひ奉る。内侍所に坐すは崇神天皇の御世に鋳替へられたりし御鏡なり」と述べ、草薙剣についても同じ趣旨の説明をしている。

私が子供のころ、八咫鏡といえば円鏡ではなく八稜鏡として絵本などでは描かれていた。しかし、八稜鏡は唐鏡以前にはなく、したがって弥生時代や古墳時代にはなく、伊勢神宮の八咫鏡を考える場合、候補から除外してよかろう。

さて、この八咫鏡について、鉄鏡ではないかという意見が古くからあった。そのような説明が出てきたのは、『記』の八咫鏡の製作に関する記載による。つまり天照大神が天の石窟（石屋戸）に隠れたとき、常世の長鳴鳥を集めて鳴かせるなどしたが、天の金山の鉄を採って鍛人・天津麻羅を呼び寄せ、イシコリトメ（石凝姥）に命じて鏡を作らせたという。

先ほども述べたように、中国の三国時代では、鉄鏡は銅鏡よりも質の劣るものではあった。しかし後漢時代には数は多くないけれども優秀な鉄鏡が作られており、日本でも大分県日田市のダンワラ古墳では、龍文を金象嵌であらわし、玉をはめこんだ鉄鏡が出土している。岐阜県飛騨の国府町の名張一之宮古墳でも象嵌で怪鳥をあらわした鉄鏡が出土している。私自身、堺市の百舌鳥大塚山古墳で一面の鉄鏡を発掘したことがある。このように、数千面の銅鏡にたいして、鉄鏡はその一パーセントにもとても及ばないとはいえ、実在しているのは事実である。だが、のちに述べるように八咫鏡が超大型鏡と推定されるから、いずれにしても鉄鏡として超大型鏡を作るのは技術的に困難であり、また実例もないので、これも候補からはずしてよかろう。

斎部広成が撰述した『古語拾遺』によると、鏡作りの遠祖であるイシコリトメが天香山の銅を採って日の像の鏡を鋳たとき、初めに鋳たのはできが意にあわず、これが紀伊国の日前神であり、次に鋳たものはその状が美麗で、これが伊勢大神だとしている。日前宮（和歌山市）の問題はここでは省くが、斎部（忌部）氏の伝承では、八咫鏡が日像つまり太陽を造形したものであることと、材料が銅であることがわかる。鉄鏡は長年空気に触れると表面にヒビが入りやすく、八咫鏡は今日まで伝世されたとすれば、銅鏡とみてよかろう。

九州から運ばれた超大型鏡

八咫鏡について、二つの重要な史料がある。延暦二十三年（八〇四）の奥書のある『皇太神宮儀式帳』や、十世紀の『延喜式』に、八咫鏡を収めているとされる内容器（御樋代(みひしろ)）の直径を一尺六寸三分（約四九センチ）としており、鏡の直径はその大きさに近いと推定される。もし、この推定通りとすれば、まれにみる超大型鏡であり、果たして考古学の資料に実在しているのであろうか。

文様についての手がかりは、十三世紀ごろにできたと推定される『伊勢二所皇太神宮御鎮座伝記』、略して『御鎮座伝記』である。これは伊勢神道の基本文献である神道五部書の一つである。そこには「八頭花崎八葉形也(なり)」と説明されており、たとえば銅鏡に多い二神二獣鏡とか三神三獣鏡のたぐいでないことは推察される。

まず、寸法から検討しよう。『紀』の最古の注釈書で、鎌倉時代に卜部兼方(うらべかねかた)がまとめた『釈日本紀』では、八咫鏡の咫の字について、寸法を示していると考え、一咫を八寸とみた。そして、八咫であるから八×八＝六四寸と計算した。卜部は、これを円周（円数）とみた。これから直径を求めると今日の計算でもほぼ同じ数値になる二尺一寸三分の鏡となる。結論からいえば、この説は妥当なものと考えるけれども、なお先ほどの内容器の内径の一尺六寸三分との見かけのうえでの違いを説明する必要がある。その説明の前に、平原古墓の発掘について紹介しておこう。

平原古墓は、一九六五年に原田大六氏によって調査されたものである。伊都国(いとこく)の中心部に接してつくられた周構墓（しゅうこうぼ）で、弥生時代の九州では珍しい木棺を埋葬に使っている。

原田氏は、発掘報告書の作成に努力されたけれども、完成を見ずに先年、亡くなられた。だが、関係者の尽力によって、一九九一年に『平原弥生古墳——大日孁貴の墓』（葦書房）の大冊が出版された。大日孁貴（おおひるめのむち）とは天照大神の別名であり、考古学の報告書としては異色の題名である。

報告書では、平原古墓の年代は「二世紀中ごろを下るものではない」と弥生時代後期に位置づけられている。私は、弥生後期のなかにおさまるものとみているが、年代はもう半世紀ないし一世紀ほど下がる可能性も考えている。

この遺跡の重要性は、そのほとんどが破砕された三十九面の銅鏡が副葬されていたことであり、弥生時代と古墳時代を含めても、一つの棺にともなった銅鏡としては最多数である。その事実だけでも並々ならぬ被葬者のものであることがわかる。

三十九面の銅鏡のうち、四面が同形同大の同型鏡で、直径はいずれも四六・五センチ、従来、日本に知られていなかった超大型鏡である。重量が七九五〇グラム、つまり約八キロもある。ちなみに、同じ古墳から出土している直径一六センチの中型鏡（方格規矩四神鏡（ほうかくきくししんきょう））は四八〇グラムだから、中型鏡の十六面分の重量がある。

文様について説明しよう。紐（ひも）を通す孔（あな）のある鈕（ちゅう）をめぐって八葉座（はちようざ）があり、主要な文様が八花（花の字の代わりに葉や弧の字も使う）の内行花文鏡（ないこうかもんきょう）である。八花の内行花文鏡は四葉座が普通であるから、この文様の組み合わせも従来知られていなかったものである。先に述べた銀板のように磨いてあったのは、このごく一部の破片であった。

この文様の構成は、「八頭花崎」を内行花文の八花とみて、「八葉」を八葉座にあてることによって、『御鎮座伝記』の八頭花崎八葉形に合致すると、原田氏はみている。きわめて妥当な考えであろう。

報告書では、この四面の鏡の写真の説明には、いずれも「八咫鏡」の字を添えている。これは、生前の原田氏の、どう考えてもそういう結論になるという意思がつよく反映しているのであろう。

大きさから考えてみよう。尺や寸の長さは、時代によって変化するものである。先ほどの八咫鏡を収める内容器の内径の一尺六寸三分は唐尺と推定されるから、約四九センチになる。これにたいし、平原古墓の四面の超大型鏡は直径四六・五センチで、西暦二世紀の後漢尺の一寸を二・三センチとして換算すると二尺二分となり、卜部兼方が『釈日本紀』で計算した二尺一寸三分ときわめて近い。

後藤守一氏が、前章でも引用した「三種の神器の考古学的検討」を執筆されたころには、平原古墓の超大型鏡は知られておらず、また八葉座でしかも八花の内行花文鏡も知られてい

平原古墓出土の超大型内行花文鏡（文化庁保管、糸島市立伊都国歴史博物館収蔵）

なかった。そのことが、後藤氏の鋭い考察力によってもなお八咫鏡の実態を描ききれなかった原因であろう。もし、原田氏の生涯をかけての、この重要な研究が基本において修正を要しないとすれば、八咫鏡は弥生時代後期に北部九州で製作され、他の同類は破砕されたけれども、一面だけがはるばる近畿地方にもたらされたということになる。いずれにしても、考古学者は倭鏡よりも舶載鏡のほうに価値を認めやすいけれども、八咫鏡の実態は例外的ともいうべき最大の倭鏡である可能性がきわめて強く、古代人の価値観の一端がのぞいている。

第５章　八咫鏡（続）

崇峻天皇が隠した？　大型鏡

前章に続いて、〝三種の神器〟（神宝）の一つとしてよく知られている八咫鏡の話である。この鏡については、鎌倉時代に卜部兼方が〝八咫〟（咫は古代中国の長さの単位）の意味を手がかりに、直径二尺一寸三分の超大型の鏡だと推測した（『釈日本紀』）。

中国の物差しの単位としての尺や寸は、時代によって長さが異なる。仮に奈良時代以後の唐尺とすると二尺一寸三分は約六四センチだし、弥生時代の中期や後期、さらに古墳時代のごく初めごろの中国の単位では約四九センチになる。いずれにしても、中国の漢代や三国、西晋の時代、あるいは日本の弥生時代や古墳時代の古墓や古墳に副葬されている銅鏡としては、例外的な大きさのものである。

『三代実録』という歴史書（六国史のひとつ）によると、貞観十一年（八六九）に大和国十市郡椋橋山の河岸が崩れ裂けた。今日の地名に直すと、奈良県桜井市の倉橋にあたる。この土地は、五九二年に蘇我馬子によって暗殺された悲劇の主人公・崇峻天皇の倉梯（橋）宮があったとされている。

『三代実録』は、それに続けて、河岸の崩壊個所に高さ二丈（約六メートル）、深さ一丈二尺（約三・六メートル）の大穴があき、そのなかに広さ一尺七寸の鏡が一つあったと記している。

この記録は、考古学の遺物発見の歴史の資料としても注目されるが、私は崇峻の宮近くのできごとであることに注目している。注目する理由は、その鏡の〝広さ〟が直径を意味するとすれば、唐尺に直して五一センチの超大型鏡となり、先ほどの卜部兼方が八咫鏡について推定した数値（後漢や魏の尺の約四九センチ）にきわめて近いことである。また、前章で、福岡県前原市の平原古墓から出土した四面の超大型の内行花文鏡がこの数値に近く、発掘報告書では八咫鏡だと推定し、私もそのように考えるのが妥当だという説明をした。したがって、椋橋山で出土した銅鏡は、文様は不明ではあるけれども、大きさだけからいえば平原古墓の超大型鏡にきわめて近いものとみてよかろう。もし仮にこれが八咫鏡の仲間だとしても、前章に『神皇正統記』を引いて説明したように、伊勢神宮にある正体（神体）とみる必要はない。

以下は想像にすぎるけれども、ことによると、崇峻天皇が攻め滅ぼされたときに、天皇の権威を象徴する神宝を地下に埋め隠したという事態があったのかもしれない。支配者層の人が攻め滅ぼされるとき、急いで穴を掘って伝家の珍宝を隠すことはよくある。たとえば、熊本県矢部町にある阿蘇大宮司家の浜の館の発掘例を挙げよう。

阿蘇大宮司家は古代の阿蘇氏の末裔で、十六世紀には戦国大名化していた。浜の館は天正十四年（一五八六）に島津氏によって攻められ、さらにその翌年、豊臣秀吉の九州平定のさいに攻めとられている。このいずれかのときに、庭園の池のほとりに二つの穴が掘られ、内部に阿蘇大宮司家の祭祀の執行に用いられたと推定される二十一点の宝器を埋めた。そのなかに、東南アジアからもたらされた鳥形の陶器などが含まれていることは、きわめて名高い（熊本県教育委員会『浜の館』一九七七年）。

国際都市だった伊都国

かつて、多くの考古学者たちは、八咫鏡は『記・紀』のうえの問題、さらに天皇家や伊勢神宮の信仰の問題であるとして、考古学とは一線を画して扱おうとしてきた。考古学的にまとめられた銅鏡の書物は多いけれども、そのなかで八咫鏡を積極的に位置づけようとしたた

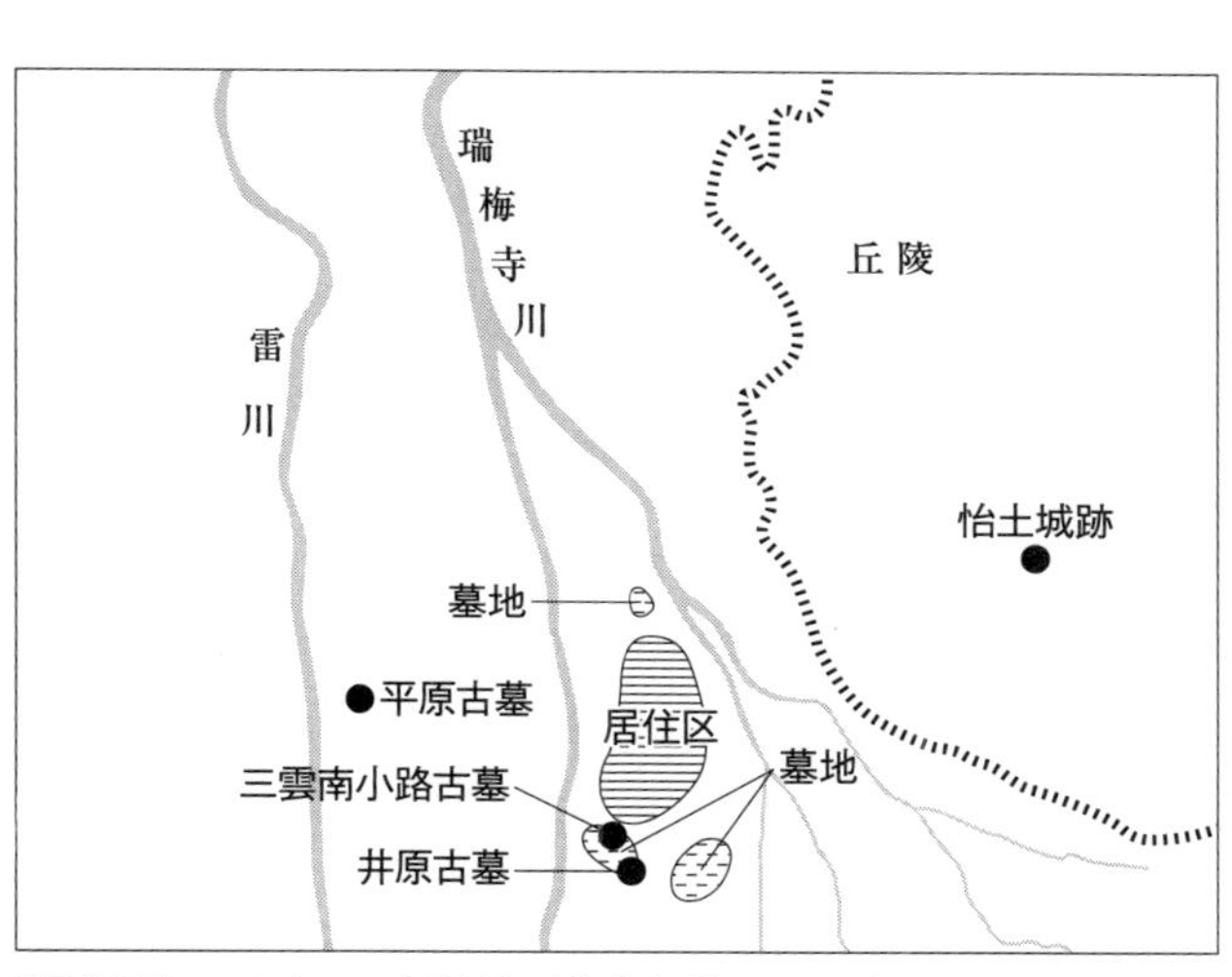

「伊都国」の中心、三雲遺跡（佐古和枝による地図をもとに作成）

めしは、ほとんどなかった。

ところが、一九六五年の平原古墓の発掘で三十九面の銅鏡が出土し、そのうち四面が直径四六・五センチの同形同大の超大型鏡であることが発表され、事態は急変した。前章で詳しく述べたように、寸法が卜部兼方の推測に近いだけではなく、文様も八花の内行花文鏡であるということが、十三世紀ごろにできたと推定される伊勢神道の基本文献の一つ、『御鎮座伝記』が記す〝八頭花崎八葉形〟によって、説明され尽くしているとみられるからである。

前原市は、「倭人伝」に記載されている伊都国の所在地である。伊都国は、その地形と遺跡の分布からみると、「倭人伝」に記された他の国々とは異なっている。奴国を例にとると、福岡市から春日市にかけてと推定される範囲内に多数の大集落があるのにたいし、伊都国は三雲遺跡という大集落（都市というべきか）が中心になっており、言い換えれば三雲遺跡が伊都国そのものという様相を呈している（「川にはさまれた弥生の集落」『図説日本の古代3　コメと金属の時代』中央公論社、一九八九年）。「倭人伝」にあらわれた地名の表記が、ただ発音を借りたというだけではなく、漢字の意味を知って使っていた場合があるとするならば、「伊都」と、意図的に都の字を使ったと思わせるほどの華やかさが三雲遺跡にはある。

「倭人伝」には、伊都国には「世王有」つまり代々王がいることや、帯方郡からの使者が往来するとき、つねにこの土地に駐在することなどが描かれ、北部九州では、図抜けた国際都市であったことが推測される。

伊都国の中心部、言い換えれば三雲遺跡とその周辺には、至近の距離に年代を異にする三つの王墓がある。三雲南小路古墳、井原古墳、そして平原古墳である。このうち、弥生時代中期の三雲南小路の王墓がもっとも古く、王と王妃のものと推定される二つの甕棺が並べて埋められていた。一号棺（王）からは、玉（勾玉や管玉）、武器（青銅製の剣・矛・戈）とともに前漢鏡三十五面が出土している。二号棺（王妃）からは、勾玉のほか二十二面の前漢鏡が出土している。

この王と王妃の合葬墓は、西暦紀元前一世紀のもので、倭人の支配者たちが中国製の銅鏡を入手し、しかも墓に副葬しはじめたほぼ最初の時期にあたっている。ところが、同時代の中国や朝鮮半島の銅鏡使用地域にみられない現象がすでに起こっている。それは、一人の人間が多数の銅鏡を保持し、さらに墓に副葬する風習である。同じ時代の中国では、鏡は化粧道具であるから、支配者層の人びとでも原則として一面ないし大きさの異なる二面の鏡を墓に入れるのが普通である。〝墓に入れてある銅鏡の数が多いほどより強力な権力者である〟という説明をよくみかけるが、これは日本の考古学だけにみられる解釈の一つであって、東アジア的にはまったく通用しない解釈であることはいうまでもない。

二つ目は、弥生後期（そのごく初め）の井原古墳である。この墓も甕棺を用い二十一面の後漢鏡が副葬されていた。この数も大陸の古墓での銅鏡副葬例からみると、驚くべき数量である。年代は一世紀の後半であろう。この墓では、南小路の王墓にはみられなかった新しい種類の銅鏡、方格規矩四神鏡（ほうかくきくししんきょう）ばかりが副葬されていた。後漢時代を迎えるとともに大流行する方格規矩四神鏡には、その鏡を入手したり身につけていることの効能を示す文章（銘文（めいぶん））があって、鏡をもっていた人たちの信仰がうかがえる。それは、強烈な神仙思想、言い換えれば不老長寿（できれば不老不死）へのあこがれである。

三つ目の、問題の平原古墓は、三十九面の銅鏡のうち三十二面が方格規矩四神鏡である。

しかし、井原古墓にはみられなかった内行花文鏡が六面含まれており、そのうちには後漢でもやや遅れて後漢晩期に出現する「長宜子孫（ちょうぎしそん）」の銘のある鏡も含まれている。この「長宜子孫」銘の内行花文鏡が、『平原弥生古墳』と題する報告書で「八咫鏡」として扱っている四面の超大型鏡のモデルになったもので、八咫鏡を考える場合、きわめて重要な鏡となるであろう。

越人と倭人に共通する多数埋納

先にも述べたことだが、『釈日本紀』が推測した八咫鏡と、平原古墓で発掘され、原田大六氏が八咫鏡と推論したものとは、否定しがたい共通性をもっている。それは、学問的に無関心をよそおってすむような問題ではない。ただ、その前にもう少し、銅鏡の一般論についてふれねばならない。先ほども述べたように、倭人社会が中国の銅鏡文化にふれ、それをやや特異な形で受容したとき、二つの現象が起こっている（この場合の倭人社会は、北部九州に限られる）。一つは銅鏡の多数埋納であり、もう一つは銅鏡の巨大化である。

まず、多数埋納から説明しよう。

弥生時代には、平原古墓三十九面、三雲南小路の古墓（王）三十五面、春日市の須玖（すぐ）・岡本（おかもと）遺跡の古墓三十二面以上、南小路古墓（王妃）二十二面以上、井原古墓二十一面などがあげられる。いずれも北部九州の弥生中・後期の遺跡である。近畿地方の奈良県を例にとれば、弥生の墓で、多数埋納はおろか、一面の銅鏡すら出土していない。多数の銅鏡を墓に埋納する風習は、弥生時代には北部九州に限られていたことは明らかである。

　これにたいし、古墳時代になると、椿井大塚山古墳三十六面以上（京都府）、佐味田宝塚古墳三十六面、新山古墳三十四面（以上、奈良県）、丸山古墳三十一面（岡山県）などがあり、多数埋納の中心地が東へ移動していることがうかがえる。古墳時代の銅鏡の多数埋納の風習を、それ以前の北部九州にあった風習と無関係のものとして、別個に発生したと強弁する学者もいるが、最多数クラスの銅鏡数が三十数面でほぼ一致することやそのような風習が東アジア全体でも稀なことから考えても、風習が東漸したとみるほうが素直であろう。

　一九八三年、中華人民共和国の広州市の象崗山で、前漢時代の王墓が発掘され、人びとを驚かせた。この墓は、発掘された遺物と文献の対応によって、越人社会を支配した南越国の二代目の国王の墓だと推定された。龍の形の鈕をつけた金印をはじめ、約千点の副葬品があり、広州市には西漢南越博物館が建設され、遺物は公開されている（ちなみに、西漢とは日本でいう前漢のことであり、後漢を中国では東漢といっている）。

　この南越王墓には、殉葬者のものも合わせ、三十八面の銅鏡が副葬されていた。中国では例のないことである。偶然かもしれないが、三十八面という数字は、弥生時代と古墳時代のいずれにおいても、もっとも多い銅鏡の埋納数にほぼ一致している。

南越王自身は、越人ではなかろう。しかし、越人社会に入り、越人たちを支配したのであるから、当然、越人の風習を多分に取り入れたと推定することができる。

この時代の金印の上部には、組み紐（綬）を通す鈕の突起があり、亀や虎などさまざまな動物文様があらわされているのはよく知られている。福岡市の志賀島で出土した「漢委奴国王」の金印は蛇の鈕をもっており、シナ海を隔てた広州市の南越王墓出土のものが、龍の鈕をもっている。ともに龍蛇の鈕であるということは、偶然の共通性であろうか。私はそうは考えていない。

江南の人王充の書いた哲学思想書『論衡』に倭人と越人の関係についての注目すべき記事がある。

周の時は天下太平、越裳は白雉を献じ、倭人は鬯草を貢ず。

越裳とは今日のベトナム南部にあった越人の国のひとつである。これを史料通りの事件とみれば、日本では縄文後期の末から晩期ごろに相当し、さらに検討を要することはいうまでもない。それはともかくとして、北部九州と関係の深い江南に一世紀に生きた王充が、倭人

右が志賀島で発見された「漢委奴国王」印（模造、東京国立博物館収蔵、ColBase https://colbase.nich.go.jp/collection_items/tnm/J-25640）、左が南越王墓出土の金印（南越王博物院収蔵）

と越人とをセット関係で扱っているのは、両者がつよい共通性をもっているとみられていたからだと考えられる。簡単にいえば、何よりも入れ墨の風習、稲作と漁撈、船による交易活動や移住性、さらに武器の種類や戦法などが共通し、アワ・ムギ作地帯の漢民族の目に近縁のものと映ったのであろう。

朝鮮半島の古墓、とくに三韓（弁韓・馬韓・辰韓）の地域では、銅鏡を副葬する風習はわずかしかうかがえなかった。よく一衣帯水の土地とはいうけれども、新羅の王族を例にとれば、銅鏡を墓に入れる風習はほとんどもたなかったといってよかろう。一九九二年、朝鮮半島南端にある金海の良洞里古墓群を東義大学校が発掘した。二世紀後半の土壙木槨墓（墓穴のなかに木で部屋を組んだ墓）の一六二号墓から、玉や鉄製の武器類とともに十面の銅鏡が出土し、人びとを驚かした。そのうちには、北部九州で作られた小型鏡が含まれているとみる人もいるけれども、いずれにしても朝鮮半島では初めての銅鏡の多数埋納例である。越人社会と倭人社会、それに朝鮮半島南端の海岸地域に共通する風習があった一例とみてよかろう。

倭人社会での銅鏡が、本場の漢人社会と違った方向に向かいだしたもう一つの現象は、大型化、さらには超大型化である。これについては前章で、日本の例を述べたけれども、八咫鏡とはそのような超大型化の極点にある産物とみてよかろう。考古学では、とくに銅鏡の研究者の間の根強い価値観として、舶載鏡、つまり外国製品のほうに圧倒的な価値を与えがちであるけれども、八咫鏡は舶載鏡の可能性はまったくなく、倭人社会での製品、それも北部九州の製品の可能性がきわめて高い。

前述の南越王墓で出土した銅鏡のうちに直径四一・五センチの、中国鏡としては異例の超大型鏡が含まれている。銅鏡の超大型化という現象も、倭人社会と越人社会（あるいは地域）の両方で認められるのは興味深いことである。年代的にいえば、平原古墓より南越王墓のほうがやや古いけれども、すでに南小路や須玖・岡本の古墓でも二七センチや二六センチの中国製の大型鏡が含まれ、大型鏡への関心の萌芽（ほうが）はみることができる。

弥生人も漢字が読めた

平原古墓から出土した三十九面の銅鏡のうち三十三面が銘文を鋳出している。鋳出とは耳慣れない言葉であろうが、墨書や針書きのように土器や鏡ができあがってから文字を書くのではなく、鋳型に字を彫ってあるので、鏡ができると同時に字もあらわされるという意味である。普通、日本の文字の歴史、言い換えれば漢字受容の歴史は、せいぜい古墳出土の刀剣の銘文によって、五、六世紀と考えられているが、北部九州の弥生時代の銅鏡には、たいてい漢字で文章があらわされており、倭人たちが銘文の内容を理解できたとすれば、漢字受容の歴史がまったく異なってくる。

最近でも、〝弥生時代や古墳時代の人びとは漢字を珍しい模様の一種として理解していたにすぎない〟という趣旨で意見を述べる人がいるが、これはとるに足らない感想だと私はみている。これだけの数量の文字資料（発掘文字）がどこかの土地から出た場合、その土地はすでに文字文化に入っていたとみるのが考古学的な方法であり解釈である。もちろんその当時、どれだけの人びとの間に文字の知識が広がっていたかの問題はあるにしても、私は、弥生社会はすでに文字を受け入れつつあったとみている。

平原古墓には三十二面の方格規矩四神鏡があった。そのうち三十一面に、ほぼ同じ内容の銘文がある。一例を示そう。

尚方作竟（鏡）真大巧　上有仙人不知老
渴次王（玉）泉飢食棗　保　（八号鏡）

意味は、官の工房、尚方（しょうほう）で作った鏡はまことに大いに巧みである。その図文の上には仙人がいて、老ゆることを知らない。（仙人は）渇（かつ）えると玉泉を飲み、飢えると棗（なつめ）を食べる生活をしている（保は、他の鏡の銘文にみられる「為国保」の句を省略して縮めるときに残った字であろう）。

不老長寿の術をマスターした神仙は、自然に湧き出る水を飲み、木の実である棗を食べるだけの生活をしていることに、銅鏡の銘文ではなっている。なお玉泉については、玉屑（ぎょくせつ）をもってつくった液状の神仙薬という解釈もあるが、私は銅鏡銘文の用例では自然の泉の水とみている。とはいえ、米食に慣れた弥生人は果たしてこのような質素な生活にあこがれたであろうか。あこがれたとしても実行できなかったから、多数の銅鏡を副葬して墓に葬られるという結果になったのである。現代のわれわれも身につまされることである。

後漢時代には、鏡を竟にしたり、仙を山にするなど、文字の省略化があって、それを減筆異体字とよんでいる。次は、飲の異体字である。減筆異体字については、「日本の文字文化を銅鏡にさぐる」（『日本の古代・別巻　日本人とは何か』中公文庫、一九九七年）で述べたこと

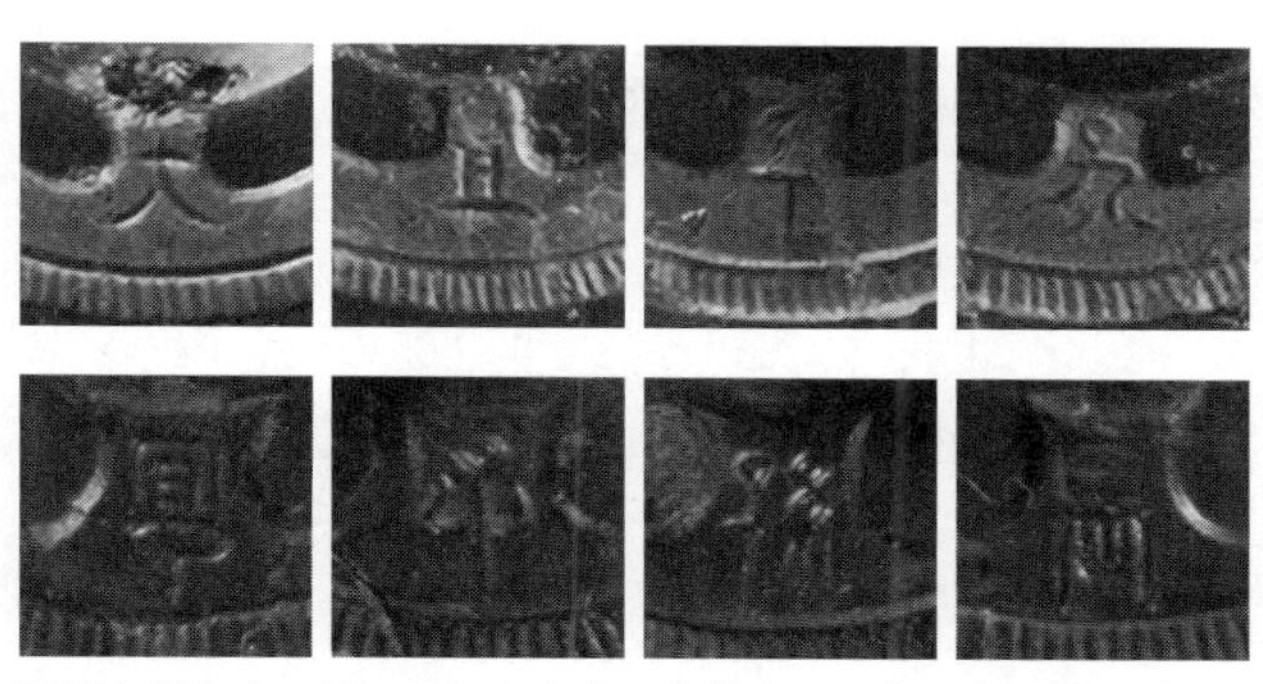

平原古墓出土の鏡に表れた文字。上段左から大・宜・子・孫、下段左から宜・子・孫・長（文化庁保管、糸島市立伊都国歴史博物館収蔵の15号鏡、16号鏡を拡大）

がある。もう一つ気づくのは、銅鏡の銘文は声をだして読みやすいリズム構成になっているということである。おそらく鏡の所有者たちは、銘文の内容をそらんじ、声にだすという形で文字文化に接していったのであろう。なお、平原古墓では、尚方作の鏡のほか、「陶氏作鏡」ではじまる銘文が、最低六面は確認されている。古墳時代には、陳氏、張氏、周氏などのつくったことを示す銅鏡はあるけれども、陶氏は知られていない。伊都国の交流先を深める一つの手がかりになろう。

内行花文は太陽を象徴

報告書『平原弥生古墳』で八咫鏡と結論づけている超大型の内行花文鏡は、後漢時代の後半に流行した「長宜子孫」の四字を鋳出した内行花文鏡を原形にして、倭人社会において超大型化したものであることについては、すでに説明した。平原古墓からも直径一八センチの同種の鏡が一面、出土している。方格規矩四神鏡が神仙の生活への強烈なあこがれを銘文で示しているのにたいして、内行花文鏡には直接、神仙思想をあらわす銘文はなく、たいてい長宜子孫または長生宜子である。長宜子孫とは「とこしなえに子孫によろし」、つまり「永久に子孫は続くであろう」の強烈な願望をあらわしているとみられる。

考古学では、この種の銅鏡を「長宜子孫銘の内行花文鏡」とよんでいるけれども、年代的にいえば、弥生時代でも終わりに近いころ、つまり、まもなくきちんとした形（考古学では定型的という）の前方後円墳が各地で造営されるころ（四世紀初頭の前後）、またはその直前に急に目立ちだす鏡である。一九九二年の冬以来、弥生時代中期から終末まで続いた環濠集落として注目を集めだした福岡県甘木市の平塚川添遺跡からも「長宜子孫銘の内行花文鏡」が出土している。このころから各地の支配者たちは、「とこしなえに子孫によろし」と自分の血筋の永続を意識しだしたといえるであろう。

平原古墓の銅鏡の一面に、直径二七センチの大型の内行花文鏡がある。中国製説と倭人社会製説との二つの見方のある鏡で、私は倭人社会製説がつよいとみている。中型の長宜子孫銘の内行花文鏡と、八咫鏡の可能性が説かれている超大型の内行花文鏡の、中間の大きさにあるものである。この大型の内行花文鏡には、いままで例のない「大宜子孫」の銘文がある。

つまり、大型化にともなって「長」を「大」にかえている。これは常識での見方にすぎないが、子孫といえば永続を前提にした言葉であるので、「長」にかえて「大いに」としたのであろうか。

この大型鏡が、倭人社会の製品とするならば、製作年代は四面の超大型鏡とさほど変わらないであろう。だから、八咫鏡とみられる超大型鏡には銘文がないとはいえ、鏡の系譜からいえば「長宜子孫」または「大宜子孫」の願望を託した鏡とみてよかろう。これが発掘の成果を私なりに整理しながらたどりついた、八咫鏡についての見方である。

『紀』（第一の一書）では、天照大神（アマテラスオオミカミ）が皇孫ニニギノミコトの天孫降臨にさいして与えた言葉なるものが記載されている。八咫鏡などの三種の宝物を与えたあと、葦原（あしはら）の瑞穂国（みずほのくに）は「わが子孫が君主となるべき国である。なんじ皇孫よ、これから行って、この国を治めなさい。行きなさい。天の日嗣がさかえるであろうことは、天地とともに永久につづき、窮まることはないであろう」（井上光貞監訳『日本書記』中央公論社、一九八六年）

この文に続いて、瑞穂国に向かった先発の者が帰ってきて、鼻の長さ七咫、背の長さ七尺、全身が七尋（ひろ）の猿田彦大神（さるたひこおおかみ）があらわれたことを述べている。そのなかで、猿田彦の目が八咫鏡のように輝き、赤いホオズキのようだといっている。鼻の長さの七咫からみても大きいたとえに、ここでは八咫鏡が使われている。神話の世界では、八咫鏡は隠しおくべきものではなく、物の大きさのたとえに使えるほど人びとが知っていたのである。

天照大神がニニギノミコトに与えた言葉は、戦前には「天壌無窮（てんじょうむきゅう）の神勅」と教えられたものである。そのいわんとしているものを銅鏡の銘文の変遷に照合すると、「長宜子孫」または「大宜子孫」という句に集約することができる。

それと、説明を延ばしてきたけれども、中国では連弧文鏡と呼んでいる内行花文鏡の内行花文は、花の文様ではなく太陽の輝きをとらえた模様だと推定されており、天照大神そのものにふさわしい。八咫鏡の有力候補が内行花文鏡であるということに、私は知的興奮を覚える。

第6章　八坂瓊勾玉

獣の腹から出た八坂瓊勾玉

前章までで、草薙剣と八咫鏡についての考えを述べたので、順序として八坂瓊勾玉について触れなくてはならない。八坂瓊勾玉といえば、反射的に〝三種の神器〟(神宝・宝物)の一つだと頭に浮かぶ人が多いであろう。たしかに『日本書紀』(第一の一書)では、ニニギノミコトの降臨にさいして、天照大神は三種の宝物を与え、その最初に八坂瓊曲玉があげられている。しかし、『記・紀』の記事をたどると、八坂瓊勾玉の由来と歴史を知ることのできる史料は非常に少ない。スサノヲ尊がある神から「瑞八坂瓊曲玉」を手に入れ、誓約の場でその玉を天照大神が囓い断ったところ、吹き出た気噴(霧)から胸肩三女神が誕生したとする

『紀』の一書の話は名高いが、その曲玉を持っていた神についてはとくに説明がない。記事にあらわれた頻度では、八坂瓊勾玉が草薙剣や八咫鏡ほど重視されていたという証拠はない。それに加え、草薙剣が熱田神宮の、八咫鏡が伊勢神宮の、それぞれご神体になっているのにたいして、『記・紀』にあらわれた記事では、八坂瓊勾玉を中心的なご神体として奉斎する神社はない。それと神話のうえでは、天照大神はこの「曲玉」の端、中、尾を噛い断ったのだから、細かく破砕したはずである。

勾玉といえば、古代の文物のなかでも日本文化を代表するものとみられている。このコンマ形の玉が果たして『記・紀』の世界でも「勾玉」とよばれていたかどうかについて、まず検討しよう。

『紀』では、八坂瓊勾玉について〝神代〟の部分ではすべて「曲玉」の字を使っている（韓国の学界では、勾玉よりも曲玉の字を主に使っている）。これにたいし、垂仁（すいにん）天皇の八十七年のこととして、丹波（たんば）国桑田（くわた）村（今日の京都府亀岡（かめおか）市の付近）にいたミカソ（甕襲）という人の、アユキ（足往）という名の犬が山の獣をかみ殺した。すると、獣の腹のなかに八坂瓊勾玉があったので、それを天皇に奉った、という記事を載せている。

この記事は、従来あまり注目されてこなかったけれども、私は見直す必要を感じている。というのは、草薙剣が八岐大蛇（やまたのおろち）の体内にあったという言い伝えと共通しているからである。

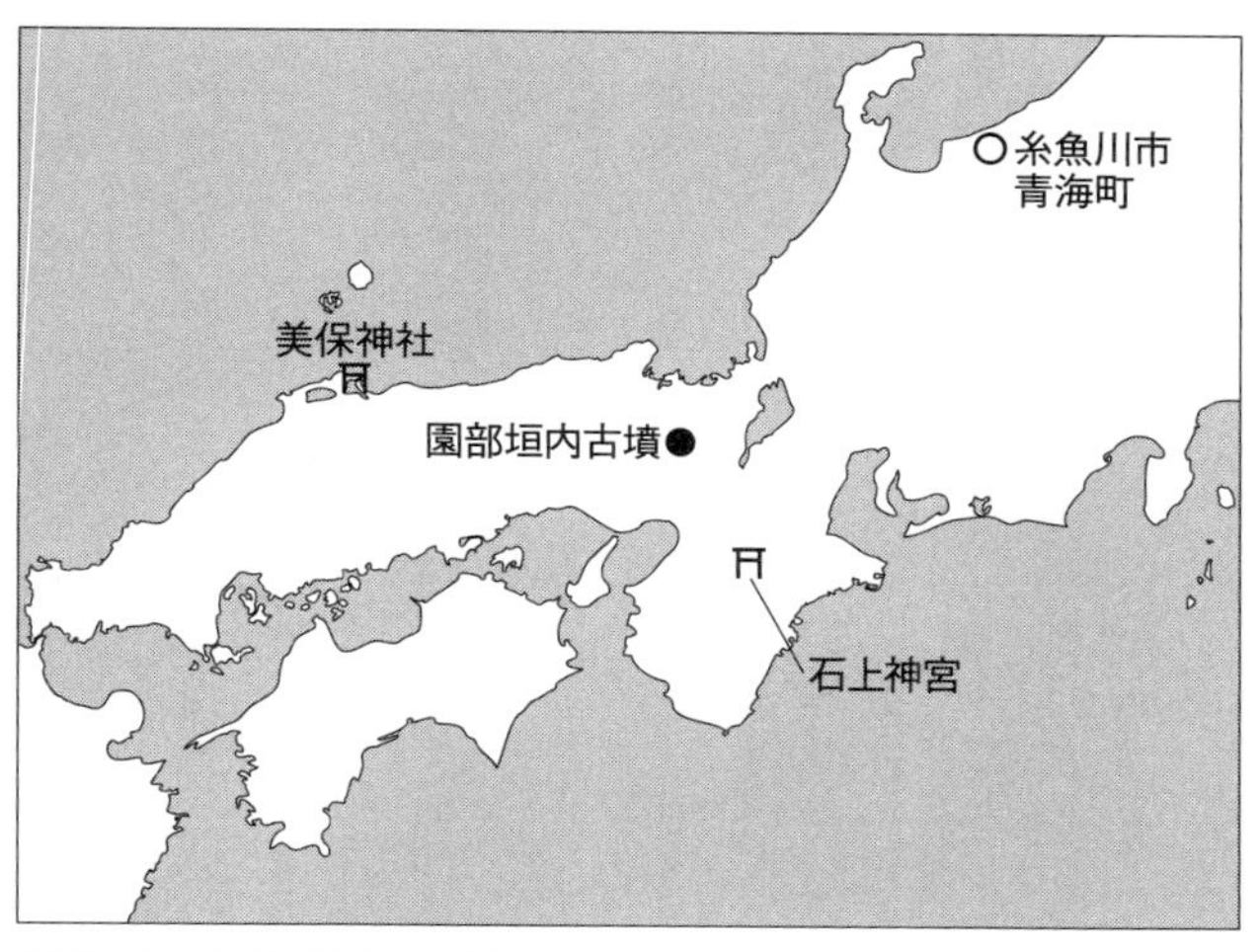

勾玉とヒスイに関連する地

このときに「勾玉」という文字が使われており、また記事からみれば八坂瓊勾玉が皇室に伝わるものだけを指すのではないようにも受け取れる。けれども、ことによると、この勾玉がのちに皇室の八坂瓊勾玉になった可能性がある。その理由を説明しよう。

『紀』の〝神代〟の個所であらわれている八坂瓊勾玉が、〝神武東征〟以後、つまり天皇勢力が大和入りをした以後、どうなったかは説明されていない。それにたいして、この丹波国のミカソが献上した八坂瓊勾玉は、物部氏が神宝を管理している石上神宮にあるということを、記事では述べている。

石上神宮は奈良県天理市にあって、大正の初めまでは本殿はなく、主な祭神は禁足地の地下に祀ってあった。島根県荒神谷遺跡での銅剣や銅鐸、銅矛の埋納（第３章参照）を彷彿させるものがある。それはともかく、この神宮には、七支刀や鉄盾などの武器類も伝えられており、延暦二十三年（八〇四）に、平安遷都にともなってこの神社に保管する武器類を京都に運ばせたところ、十五万七千人の労力が必要だったという（『日本後紀』）。武器庫の性格もそなえていたのである。

ミカソの記事をおさめている垂仁紀では、まず三十九年のこととして、垂仁天皇と埴輪の起源説話で名高い皇后・日葉酢姫との間に生まれたイニシキイリヒコ（五十瓊敷入彦）が一千本の剣を作って、それを石上神宮に納め、同時に神宮の神宝を管理するようになったと述べている。

その記事に続いて、八十七年の事件を述べている。まず、イニシキイリヒコが妹の大中姫に「自分は年をとったので、神宝を管理することができない。これからは、あなたに管理を任せよう」と言うと、姫は「自分は力の弱い女人である。どうして神庫に登ることができるだろうか」と答えた。すると、兄は「神庫は高いけれども、そこへ登るための梯（そなえつけの梯子か）をつくろう。そうすると、神庫に登れるでしょう」と言った。

このような経過で、大中姫は物部連に直接の管理をさせるようになった。先にあげた丹波国のミカソの記事は、この後に続いているのであり、見方によれば、ミカソが献上した八坂瓊勾玉が「今石上神宮にあり」という事態を理解させるために、先に石上神宮の神庫管理の歴史についての説明を載せたと考えられるのである。では、どうして丹波国がこのような貴重な玉があった土地として登場するのであろうか。

私は一九七二年七月、京都府船井郡園部町で垣内古墳という前方後円墳の調査をしたことがある。この地も古代には丹波国の一部で、亀岡市の北西約一五キロのところである。後円部の中央には、大部分は腐っていたけれどもコウヤマキ製の木棺があった。その木棺は頑丈な粘土によってつつみ込まれており（粘土槨）、朽ち果てた木棺の輪郭がよく残っていた。

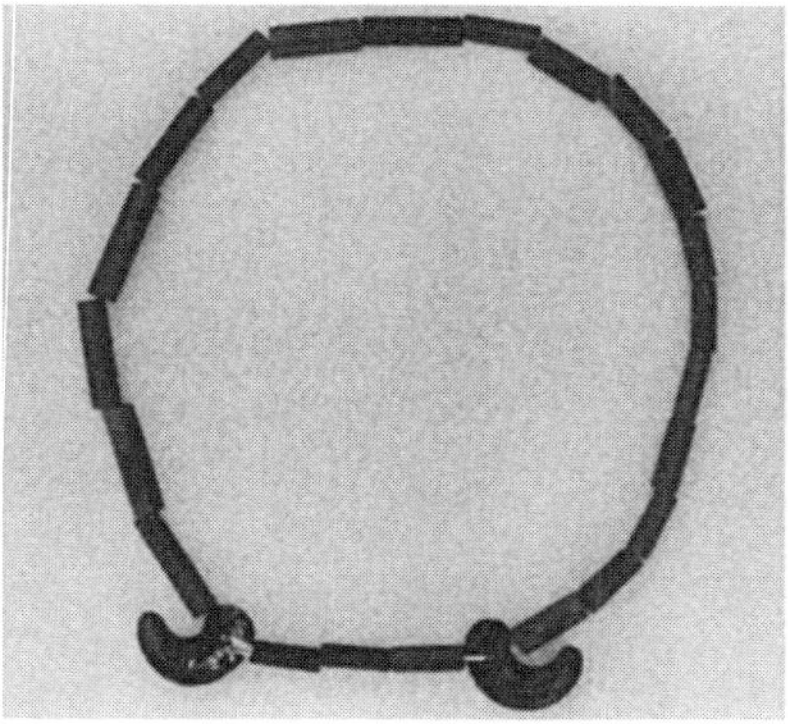

園部垣内古墳出土の勾玉と管玉（同志社大学文学部文化学科内考古学研究室編『園部垣内古墳』園部町教育委員会、1990 年）

棺の内部には、死者の頸のあたりから硬玉ヒスイの勾玉二個と碧玉の管玉二十二個からなる、実に美しい一連の首飾りが出土した。奈良県や大阪府の古墳の発掘でも、多数の硬玉ヒスイの勾玉を自分の手で掘り出した経験はあるけれども、美しさと質のよさ、それと科学的ではないといわれるかもしれないが品のよさで、垣内古墳出土の二個の勾玉がいちばん印象に残った。四世紀後半の典型的な前期古墳である。

この二個の勾玉は、のちに述べるように、科学的な検査によれば、新潟県の糸魚川市、青海町に産するヒスイで、俗に姫川ヒスイとも呼ばれるものである。日本列島には、長崎県、岡山県、鳥取県などにも硬玉ヒスイの産地はあるが、古代人が原石を採取して玉に加工していたことが確実なのは糸魚川、青海のヒスイだけである。硬玉ヒスイで作った各種の玉が、北海道や沖縄を含むほぼ日本列島全域にもたらされていることからみると、交易の活発さが推測される。桑田村や現在の園部町を含め、丹波の土地は日本海の産物を大和や瀬戸内海地方にもたらす中継地として重要であり、交通や交易を掌握した有力者を生み出したのであろう。

武烈天皇のあと、大和の天皇家が途絶え、越の土地から男大迹王が迎えられ、河内の樟葉で即位したのが継体天皇であることは、きわめて名高い。『紀』では、男大迹王を迎える前に、まず白羽の矢がたったのは、丹波国桑田郡に住んでいた仲哀天皇の五世の孫と伝える倭彦王であった。このことを素直に理解すると、越の土地に劣らないほど丹波が注目されていたことになる。おそらく、六世紀の初めにも交易を背景に富を築き、日本海方面からもたらされる新しい情報や知識をも集積できる勢力が丹波にあり、天皇候補となるような人物がいたであろうことをうかがわせる。

六世紀で終わった勾玉の流行

鏡は、時代によって形や文様、ときには材質が異なる。同じく剣も、時代によって材質や装具の形や文様が異なる。たとえば、弥生時代には銅剣であったものが古墳時代には鉄剣になる。もし剣を片刃の刀にたいして両刃の武器だと厳密に定義すると、奈良時代にはほとんど剣は存在しない。つまり、『記・紀』編纂の時点では、身近にある鏡や剣は弥生時代や古墳時代前期のものとは非常に異なっていたのである。

これにたいして勾玉は、縄文時代にすでに出現し、弥生時代、古墳時代を通してさかんに使われており、時代による形の変化がそれほどはない。古墳出土の勾玉についても、鏡や鏃(ぞく)（やじり）、さらに土器のような共伴の遺物によって年代はわかるのであって、勾玉だけでは細かい年代を推定するのがむずかしい場合がある。

厳密にいえば、古墳時代後期になると、硬玉ヒスイの勾玉は非常に少なくなる。奈良県斑(いか)鳩(るが)町の藤ノ木古墳の発掘にさいしても、石棺の内部に水がたまっていて、冠や沓(くつ)は少し水をとりのぞくと見えはじめたが、玉類は棺の底に残っており、おそらく水を全部とりさると硬玉ヒスイの勾玉があるだろうと期待されていた。しかし、出てきたのは金銅(こんどう)製（金メッキをした銅製品）の勾玉百二十二個であった。しかも、この勾玉には先端にガラスの玉がはめこまれており、流行の変化を示している。

藤ノ木古墳よりもさらに約百年新しい古墳終末期の高松塚古墳では、勾玉は残されておらず、きわめて微細なガラス製粟玉約千個と、ガラス製丸玉、コハク製丸玉などがわずかに見つかっている。遺物を盗ることを目的としたのではない墓荒らしの被害を過去に受けてはいるが、墓荒らしが持ち去ったとみるより、この時期にはもう勾玉は入れられていなかったとみたほうがよかろう。

このように、近畿地方を主にした地域での古墳に納められた装身具の変遷では、硬玉ヒスイだけではなく水晶製、ガラス製、メノウ製、金銅製、銀製などを含め、勾玉の流行は六世紀代でほぼ終わっている。

だが、八世紀中ごろにつくられた東大寺三月堂（法華堂）の本尊・不空羂索観音の頭を飾る宝冠には硬玉ヒスイ、コハク、水晶、真珠などで作った二万数千個の玉がちりばめられており、その宝冠に八個の硬玉ヒスイ製の勾玉が垂下してあるのは名高いことである。

また、飛鳥の地から平城京へと移された元興寺の金堂は現在、建物は失われ、その基壇だけがのこされているが、金堂の建立にさいして鎮壇具として埋納した品のなかに、和同開珎、万年通宝、神功開宝などの銭とともに、メノウ、碧玉、硬玉ヒスイなどの勾玉十個が納められていた。八世紀中ごろのできごとである。

長い歴史をもつ勾玉は、七、八世紀になると人びとの身を飾る装身具としての役割を終え、観音の宝冠を飾ったり、金堂の鎮壇具の一つとなったりして、性格がいちじるしく変わった。勾玉についての価値観が変わってきたころが、ちょうど『記・紀』の編纂の時期でもあるから、『記・紀』にあらわれている勾玉については、六世紀の埴輪の人物の頸にごく普通につけられている、アクセサリーとしての勾玉と同じ性格のものとみることは正しくはない。

先にも触れたように、『記・紀』の記述をたどるだけでは、どうして八坂瓊勾玉が皇室の〝三種の神器〟になっていくのかを説明することはむずかしい。その理由は、七、八世紀になって勾玉の価値が急変したこととかかわっているのであろう。なお、東大寺や元興寺の勾玉については、糸魚川市や青海町の玉作り遺跡の操業年代からみて、同時代に作られたものではなく、少なくとも二、三世紀前に作られたものが使用されているのではないかと考えられている。

これも有名なことではあるけれども、藤原京や平城京の造営にさいして、古墳を破壊し、その霊を祀った記事が『日本書紀』や『続日本紀』にある。大規模な寺院の造営にさいしても、当然、相当数の古墳が破壊されたであろう。これらの機会に古墳から出土した勾玉が、奈良時代に利用された可能性があることについてはすでに説かれているが、この場合も再利用という意味だけではなく、破壊した古墳の被葬者を鎮める意味をもこめて、寺院で使われたのかもしれない。

『紀』の〝神代〟の個所では、八坂瓊曲玉と書かれている場合と八坂瓊の五百箇御統と書かれている場合とがある。『記』の〝神代〟の個所では、八坂勾璁の五百津美須麻流珠と書かれている。

〝御統〟というのは、『紀』では美須磨屢と読ませていて、一個の玉ではなく一連の首飾りを指している。先ほど述べた垣内古墳では、勾玉二個と管玉二十二個とで一連の首飾りが構成されていたのである。

大阪府和泉市にある黄金塚古墳の、後円部中央にあった、女性を葬ったと推定される木棺には、大きい硬玉ヒスイの勾玉一個、小さい硬玉ヒスイの勾玉八個、硬玉ヒスイの棗玉五個、大小の碧玉製の管玉八十四個、さらに多数のガラス製小玉とで首飾りが構成されており、管玉だけで総延長は一メートル八三センチあった。この場合は一連ではなく、幾重にもなる首飾りであったと推定される。

黄金塚の東棺は男性の遺骸を葬っていたけれども、頭部の位置にあった首飾りは硬玉ヒスイの勾玉四個、硬玉ヒスイの棗玉二個、碧玉製の管玉六十八個とガラス製小玉九百七十二個があった。出土状況では管玉はおおむね三連になっており、その長さは一メートル八三センチで、中央棺の管玉の総延長とぴたり一致している。おそらく〝御統〟には厳密な規格があったのであろう。

二つの例をあげただけであるが、四世紀や五世紀の古墳では、勾玉を含む各種の玉類は単独で出土することは少なく、首飾りや手玉とみられる場合は、連を構成しているのが普通である。神代紀で八坂瓊の五百箇の御統と呼んでいるのは、勾玉を親玉にした多数の玉からなる連を指しているものと推定される。

これにたいして、東大寺の不空羂索観音の宝冠では、すでに勾玉は連を構成するのではなく、垂下する飾りの先端につけられており、元興寺の鎮壇具でも連を構成することなく、勾玉だけが珍宝として埋納されたと推定される。八坂瓊勾玉が連を構成するような首飾りではなく、勾玉そのものを指しているとみるならば、奈良時代またはそれに近い時代での勾玉にたいする扱い方が反映しているとみることができる。ただしこれは、硬玉ヒスイで作られたことを予測してのことであって、五世紀の前後に流行する滑石製の祭祀遺物としての子持勾玉の場合は、単独で扱われることもあった。だが、おそらく八坂瓊勾玉はそのような一時的な祭祀に用いられる品ではなかろう。八咫鏡や草薙剣と違って、古記録では八坂瓊勾玉についての見聞は残されていないけれども、日本製の硬玉ヒスイの勾玉の可能性がきわめて高いと推定される。

越の国のヒスイ峡

『記』には、八千矛神（大国主命の別名）が高志国のヌナカワヒメ（沼河比売）のもとに出かけ、求婚した話が載せられている。まるで短編小説のようにまとまりがあり、また恋愛の描写も艶かしい。それはともかく、出雲の八千矛神が越（高志）、つまり日本海東部地域――この場合は新潟県糸魚川市や青海町付近――に出かけ、婚姻が成立し、『出雲国風土記』によると二人の間に生まれたのが、島根半島東端にある美保神社の神だとされている。ヌナカワヒメの物語は、いったい何を意味するのであろうか。

『万葉集』にもヌナ川の歌がある。

淳名川の　底なる玉　求めて　得まし玉かも　拾ひて　得まし玉かも　惜しき君が

老ゆらく惜しも（十三巻三二四七）

現在市販されている『万葉集』の注釈書のなかには、淳名川を〝空想上の川〟とか〝高天原にあったのだろう〟とか説明しているものもあるが、それは間違いであろう。淳名川とは、糸魚川市や青海町で日本海に流れこむ川、たとえば姫川などを指すものと考えられはじめている。

中央に穴があるヒスイの大珠、縦6.8×横2.7cm（写真提供：糸魚川市）

日本の遺跡からは実に多くの硬玉ヒスイの玉類が出土する。縄文時代の前期にあらわれ、中期を中心に鰹節(かつおぶし)形玉器ともよばれる、孔をあけた大珠がさかんに使われている。富山県氷見(ひみ)市朝日(あさひ)貝塚出土の大珠は、長さが約一六センチもあり、硬玉ヒスイの玉類がさかんに使われた弥生時代や古墳時代にはこれほど大きい硬玉ヒスイの製品はない。

私が子供のころ、考古学の書物では、これらの硬玉ヒスイの製品は「ビルマ（ミャンマー）からもたらされた原石を使っている」という説明が一般的であったし、ごく最近でもそのような説明の残る書物をみかける。だが、子供心にも、近隣の国々ならばともかく、ビルマとの関係は納得できなかったし、なによりも縄文時代のほうに大きい製品があり、時代がたつに従って小型化するというのも奇妙に感じられた。

私が書物でビルマ説を読んでいたころより少し前の一九三八年（昭和十三）の夏、のちに東北大学教授になった河野義禮氏が姫川の上流の小滝川に硬玉ヒスイを求めて探査を続けておられた。河野氏の義弟が糸魚川病院に勤務されており、偶然に手に入れた岩石を河野氏に送り届け、そのなかに硬玉ヒスイの可能性のあるものがまじっていたのが、この探査のきっかけになったのである。

この探査の結果は翌年、『岩石鉱物鉱床学』二二巻五号に発表され、その後の研究も加わり、小滝川と、その西を流れる青海川に硬玉ヒスイの原産地があることが確実になった。原石があるということと古代人が利用しているということは別であるというような議論もあったけれども、今日では縄文時代、弥生時代、古墳時代それぞれの硬玉ヒスイを加工した玉作り遺跡も糸魚川市や青海町でみつかっている。さらに、川を流された硬玉ヒスイの転石が海中に入り、大風で海岸に吹き上げられてくるので、富山県朝日町にも玉作り遺跡がある。

今日では、ビルマ説は研究史上の学説となった。このような紆余曲折を経て、一九五五年（昭和三十）に小滝川と青海川の硬玉ヒスイの産地が国の天然記念物の指定を受けた。

このように、糸魚川市や青海町が硬玉ヒスイを玉に加工し、日本列島の各地に送り出すうえできわめて重要な土地であることがわかってきたけれども、なお学問的には検討すべき課

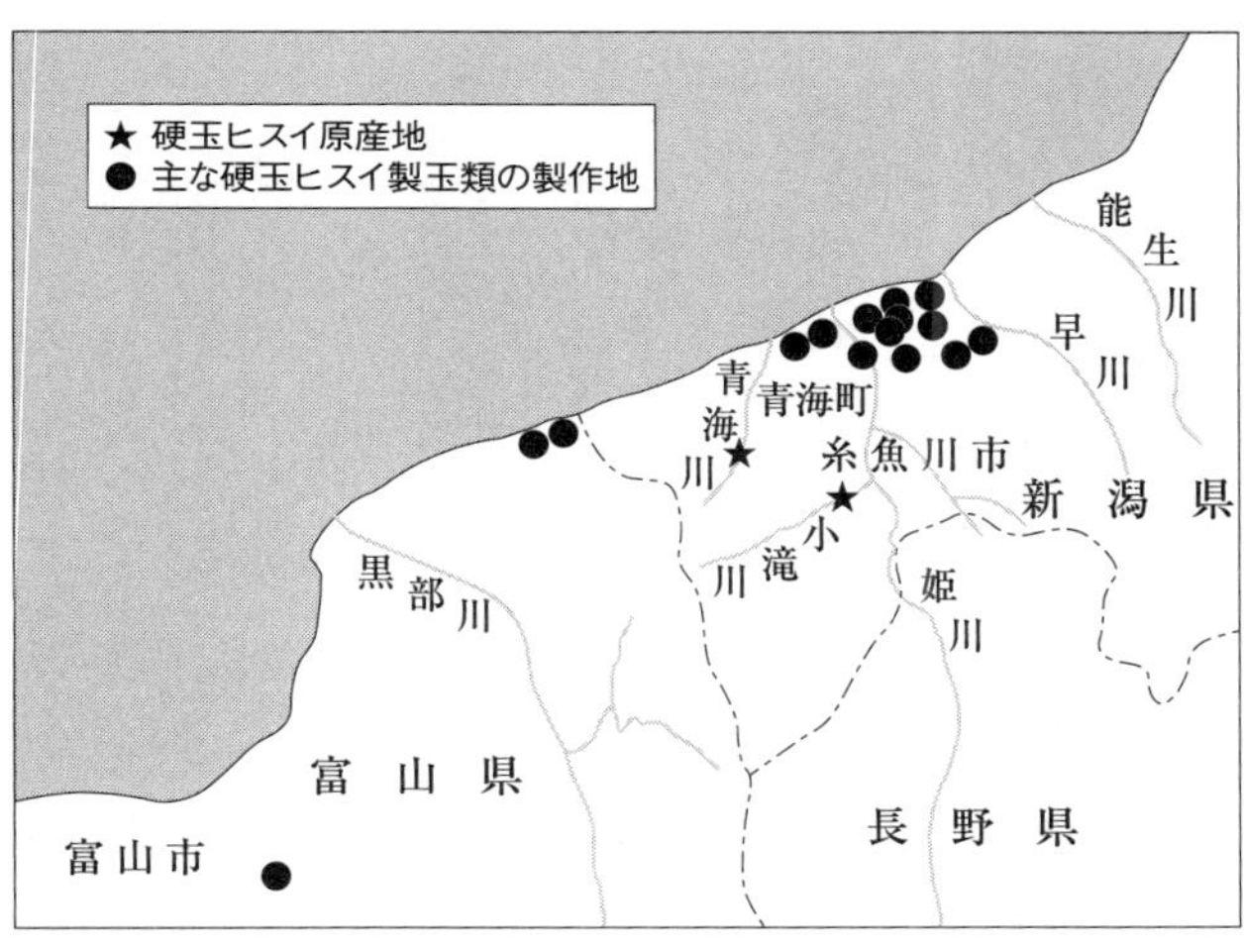

ヒスイの原産地と製作地

題がたくさんあった。そこで、糸魚川市と青海町の共催で、二年ごとにヒスイのシンポジウムをおこなうことになったのが一九八六年で、九〇年まで三回、おこなわれた。その結果は、森浩一編『古代翡翠文化の謎』（新人物往来社、一九八八年）など、三冊にまとめられている。

このシンポジウムで次の二点が明らかになった。

(1)古代において、硬玉ヒスイを装身具として利用していたのは、マヤ、オルメカ、アステカなどの文化をもつメソアメリカと日本列島だけであり、日本列島は二大硬玉ヒスイの文化圏の一つということができる。これは、地質、鉱物学からみた、新潟大学教授・茅原一也氏（現・名誉教授）の研究成果であり、ビルマの硬玉ヒスイが利用されだしたのは、近世になってからであるということも報告された。断っておきたいのは、原石があるということとそれを利用していること、つまり加工技術があることは別であるということである。

(2)京都大学原子炉実験所の藁科哲男（わらしなてつお）氏らによる産地同定の研究も、硬玉ヒスイの問題を一挙に前進させた。硬玉ヒスイに限らず、石器時代の主要な石器の材料である黒曜石についても、従来は考古学者の肉眼観察で産地が推定されていたけれども、非破壊の科学的な方法によって、たとえば垣内古墳の勾玉の産地をわりだすことができるようになったのである。それによると、九州から出土する硬玉ヒスイの玉類も長崎ヒスイは使われておらず、検査の対象とした限りではすべて、糸魚川、青海の硬玉ヒスイが使われていたのである。

先に紹介した『万葉集』の歌にあらわれているヌナ川のヌとは、八坂瓊の瓊と同じで、ヌナ川は玉の川の意味であろう。『釈日本紀』が『日本書紀』を講じた学者の私記を引用して、〝古（いにし）えには、玉をヌ（努）ともニ（弍）とも言った〟と説明している。私記では、ニ（尓）も同じとしている。そうなると、この歌の意味は、次のようになる。

「越のヌナ川の川底にあるヒスイの玉を交易で手に入れた。自分で拾って手に入れた。だが、（玉は永遠の命をもつのに）素晴らしいあなたが年老いていくことは、本当に惜しいことだ」

この歌が『万葉集』の成立した八世紀のものとすれば、すでに糸魚川、青海での硬玉ヒスイの採取と加工は衰退しており、六世紀代までのものならば考古学的には矛盾しない。それは今後の問題としておこう。

ヌナカワヒメというのは、越の地で長い歴史をもつ硬玉ヒスイの信仰と富を象徴する女神であり、実在の豪族とは考えにくい。だが、硬玉ヒスイの玉類の研究を通して、八坂瓊勾玉として古典にあらわれるような名玉は、越の土地に産したものであることは、まず間違いないと思う。

第３部　出雲と日向

第7章　大国主命と出雲の古地形

いくつもの顔をもつ大国主命

大国主神(おおくにぬしのかみ)は、大国主命(のみこと)として親しまれている。親しみをさらに強めると〝ダイコクサン〟となる。ダイコクとは文字通り大国のことで、その主つまり支配者であるから、神とはいえ、そこに出雲(いずも)の王のイメージを垣間見ることができる。

『記』によると、大国主命はスサノヲの六世の子孫であるし、『紀』の一書にも同じように述べられている。ただし、それ以外の関係も伝えられていて、正確にはわからない。とはいえ、天照大神(アマテラスオオミカミ)の弟であるスサノヲの血縁をひく者という意識を、古代人はもっていたのであろう。

〝出雲族〟などと異文化の存在を匂わす人もいるが、考古学的にみると出雲の縄文文化や弥生文化は、日本列島の他の地域がそうであるように、もちろんそれなりの特色はもっているものの、別個の文化であるという事実はまったくない。

『記』では、大国主命は五つの名前をもっている。オオナムチ（大穴牟遅）、アシハラシコヲ（葦原色許男）、ヤチホコ（八千矛）、ウツシクニダマ（宇都志国玉）で、それぞれの下に神がついている。『紀』の一書では、さらにオオモノヌシ（大物主）神をあげ、オオナムチを国作大己貴命（くにつくりおおなむちのみこと）としている。前章で触れた高志（こし）のヌナカワヒメの求婚話では、八千矛神（ノカミ）として登場している。どうして大国主命には多くの名前があったのであろうか。

大国主命は、実在の人物ではなかろう。実在の人物ではないけれども、古代人が想像した、あるいは理想的に思い浮かべた〝地域国家〟の支配者のイメージがうかがえると思う。『記・紀』を総合すると、大国主命は葦原中国（あしはらのなかつくに）とよばれた出雲世界の政治的な支配者であるが、高志国（この場合は新潟県西部か）のヌナカワヒメへの求婚や、胸形（むなかた）（宗像、福岡県北東部）のタキリヒメとの婚姻に代表されるような恋の遍歴者でもある。

自分の才能が優れていたためであろうか、兄弟たちから迫害を受けたり、妻のスセリヒメからの激しい嫉妬（しっと）の雨にみまわれたりするような、ごくありふれた人生の経験者としての一面も描かれている。さらに中国の神仙思想（道教として体系づけられる）と関連のある医学をも取り入れたという点では、新しい外国の知識の体現者でもあった。たんに政治的な支配者というだけではなく、このような新知識によって民衆との接触をスムーズにしたらしいということもうかがえる。

ヌナカワヒメとの関係に示されているように、各地を旅行する交易の実践者としての側面もある。つまり、大国主命が多くの名前をもっているというのは、さまざまな状況によって、あるいはさまざまな立場によって、ときには出雲を離れた土地において、異なった名前を使い分けていたからではなかろうか。あるいは、異なった名前の人として受け取られていたのではなかろうか。

では、大国主命が舞台にした出雲世界とは、どのような土地であったのかについて述べよう。

「海」をまたぐ出雲郡域

「島根県で面積がいちばん広いのは、どの島ですか」

今日の地形でいえば、もちろん隠岐諸島の島後（どうご）である。しかし、縄文時代、弥生時代、さらに古墳時代のかなりの期間についていえば、それは正しい答えではない。

〝動かざるもの、大地のごとし〟の格言とは逆に、地形は時代によって変化する。このよう

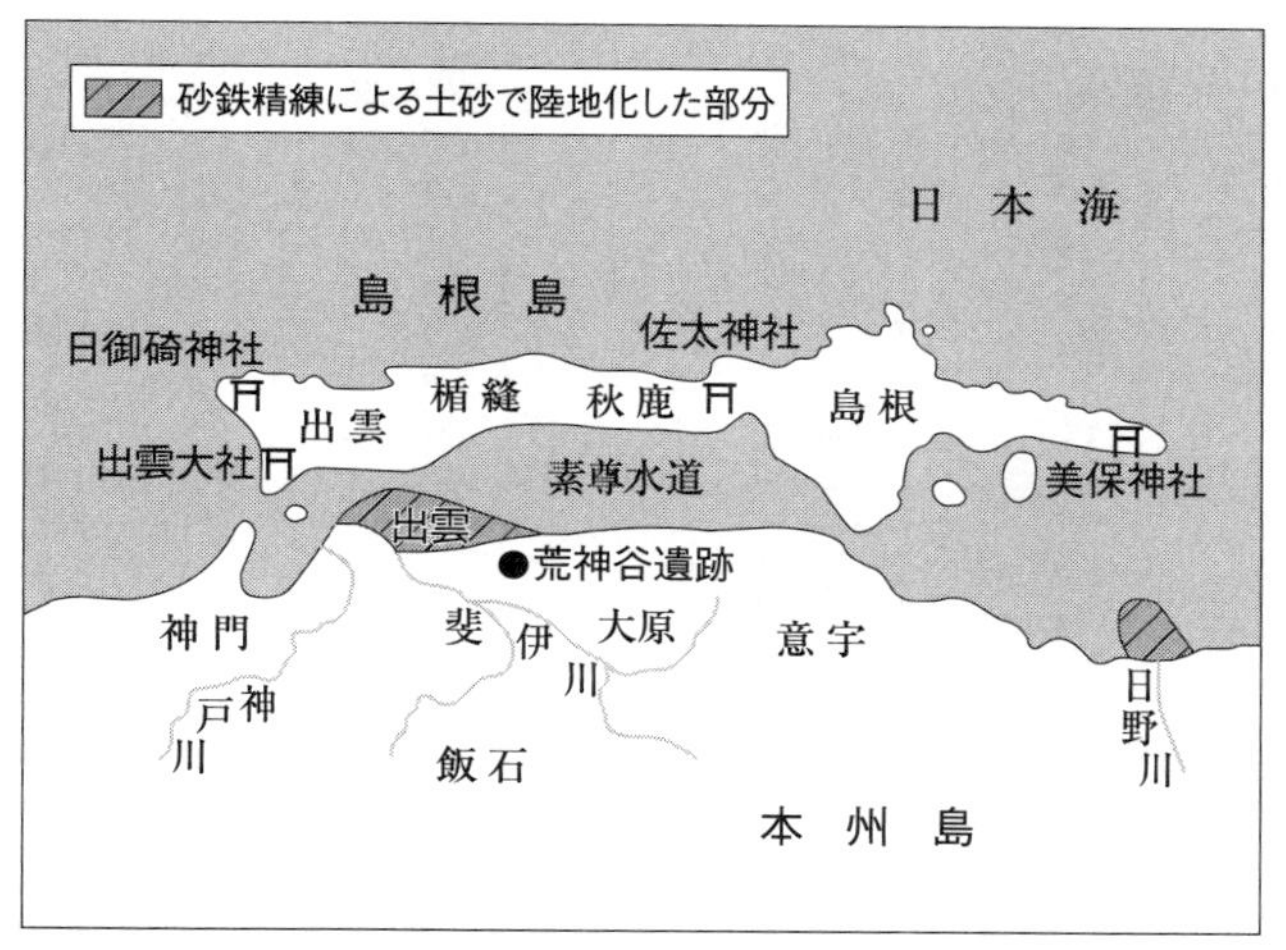

北部出雲の郡域と素尊水道（佐古和枝による地図をもとに作成）

な地形の変遷を頭に描きながら、古代史を考えなければならない。吉備、河内、摂津、紀伊、尾張、常陸、出羽などとともに、出雲もその必要がとくにつよい地域なのである。

素尊水道という耳慣れない地名がある。島根県の考古学の開拓者の一人である野津左馬助氏が一九二一年（大正十）に刊行した『島根県史』において考案した言葉である。野津氏は、出雲の各地をくまなく歩くうちに、古代には、いわゆる島根半島と、出雲の大部分の土地が含まれる本州島側との間に、東西に細長い海域が横たわっていたと推定するようになった。この細長い海域を、神話の時代の地形と推定し、スサノヲの時代という意味で素尊水道と命名したのであろう。私も先学にならって、この復元された地形の地名を使うことにしよう。

素尊水道があったとすれば、今日の島根半島は水道の北方に、東西六十数キロに及んで長く横たわる大きな島であった。もちろん、隠岐の島後よりは面積は広い。以下、〝島根島〟と仮称しておこう。

島根島には、これといった平地はなく、農業生産力は乏しい。けれども、それを補うものとして海産物や山の資源、とくに鉱産物（銅）、材木や薬草などがあり、さらに水上交通の要地として、活発な交易がおこなわれていた。これに対応するように、名の知られた神社が点在している。出雲大社は島根島の西南端に、日御碕（ひのみさき）神社は西北端に、美保神社が東端にあり、ほぼ中央に佐太（さだ）神社が鎮座している。

のちに述べるように、葦原中国はこの島根島によって北が限られていたとみられる。言い換えれば、葦原中国の中心は島根島に接した素尊水道の沿岸域であったと推定される。ただし、素尊水道がたんなる海域であった時代には、後でふれるような神話に述べられている状況は生まれない。素尊水道の西寄りの南岸が、斐伊川（ひいかわ）（出雲大川（いずものおおかわ））のもたらす大量の土砂によって、低湿地とはいえ陸地化した、あるいは陸地化しつつあった時代の地形・環境が大国主命の神話の背景なのである。そのことを説明する前に、さらに島根島と出雲郡の関係について述べておこう。

『出雲国風土記』（以下、『風土記』と略す）によると、かつての島根島（島根半島）には四つの郡がある。奈良時代のことである。東から島根郡、秋鹿郡、楯縫郡、西端の地域が出雲郡である。古代の郡域はおおむね山や川などの自然地形によって分かれているのが普通である。島根島でも東の地域は、水道によって郡域が分けられ、南岸の意宇郡に向きあっている。秋鹿郡や楯縫郡は、北は日本海、南は素尊水道の名残である宍道湖によって隔てられている。つまり、きわめてありふれた郡界であり、郡域であった。

ところが、出雲大社のある出雲郡はそうではない。島根島の西の地域だけではなく、素尊水道を隔てて本州島側にも延びており、郡内の八つの郷のうち出雲、健部、漆沼、河内の四郷は、水道より南岸に存在している。第3章の「草薙剣」で詳しく述べた荒神谷遺跡は、このうち健部郷にあることはよく知られている。

出雲国には出雲郡があり、その郡内には出雲郷があるので、出雲郡が出雲の中心的な地域であることはいうまでもないが、その出雲郡が自然地形による郡域をとらずに、水道を隔てて北西では島根島に、南東では本州島側の両方にまたがるという、きわめて異常な郡域をもっている。このことは、古代出雲を解くうえで避けて通れない問題を提起している。

もとの素尊水道は、その東部では中海、松江市西方では宍道湖となって、本来の地形を残している。これにたいして、西部の出雲市とその周辺では、現在ではほぼ陸地化してしまい、本州島と島根島とが陸続きになっている。だから今日、島根半島の名が示すように本州島の一部であるとはいえ、もとの素尊水道の西部のみが陸地化したのであって、水道全体が土砂の堆積を受けたのではない。

このような地形をみるとわかるように、素尊水道西部の陸地化現象は、斐伊川がもたらした土砂の堆積によるものである。先ほども述べたけれども、葦原中国とはこの新たに形成された陸地を中心とする地域を指していると、私は推定している。

『風土記』によると、斐伊川の上流にある仁多郡では良質の鉄がとれ、さらに飯石郡でも鉄の産出を示している。このように、斐伊川上流の中国山地では八世紀以来、製鉄がさかんであり、その状況はほぼ六世紀まではさかのぼると推定してよかろう（ただし、これは大規模製鉄についてであって、小規模製鉄はさらにさかのぼる可能性がある）。

砂鉄（山砂鉄）を原料とする製鉄法は、鉄穴流しとよばれる。砂鉄を含んだ山砂を掘り崩し、水源から延々と溝を掘ってひいてきた大量の水を使って泥水にして、かなりの距離を流下させるという方法で鉄と土砂を選別するのである。具体的にいえば、二つの溝が必要で、最初は山の高所に水を運んでくる溝で、谷を渡る部分は木樋になる。もう一つは、砂鉄を含んだ泥水を流す溝で、何カ所にも上部の泥水を排出する小溝があって、本体の溝は流下するにしたがって、水が美しくなるとともに底に砂鉄が沈澱する。だから鉄穴流しには、平野部での大規模な灌漑の技術が応用されているのである。それはともかく、この方法では、発生した泥水が最終的に川に流れ込むので、下流の農地に被害を与えるだけでなく、素尊水道の陸地化を促進した。

大量の土砂の発生は、別の原因でも促進された。砂鉄精錬では、おびただしい木炭を必要とするため、山林の乱伐が起こり、このことも下流への土砂の流出の原因となった。慶長十五年（一六一〇）に松江藩は、斐伊川上流の鉄穴流しを禁止したことがある。そのころ斐伊川は東に河口があったので、流砂によって宍道湖が埋まることを恐れたのである。このように考えると、大国主命神話の舞台である葦原中国は、出雲の国、さらに細かくいえば斐伊川上流の中国山地において大規模製鉄がおこなわれた以後の時代にかかわっている可能性がつよい。

荒神谷遺跡とタケミナカタ神

『記・紀』によると、葦原中国の支配権を奪おうとした高天原勢力（神話のうえでの天皇の先祖たち）は、天孫降臨のための下準備として、繰り返し使者を派遣した。ワカヒコ（若日子、稚彦）らの使者にまつわる神話も、たとえば古代の喪葬儀礼を知るうえで重要であるが、ここでは省いておく。相次いで派遣された使者たちは、土地の女と結婚するなどして葦原中国での生活がよほど快適だったのか、本来の使命を果たさなかった。そこで、軍事力を背景にしてタケミカヅチ（建御雷、武甕槌）らを派遣し、武力を背景に高圧的な談判がおこなわれ、ついに出雲を譲る決心を大国主命にさせた。

国譲りにさいして、『記』では、大国主命の子のうちタケミナカタ（建御名方）だけが反対した。タケミナカタは力くらべ（武力による抵抗か？）を主張したけれどもタケミカヅチの前に屈服し、信濃国の諏訪湖のほとりに追放されたという。今日、長野県の諏訪神社の祭神になっており、七年に一度おこなわれる御柱祭は、巨木の柱を立てることに特色がある。このことと、のちに述べる出雲大社の神殿が巨木の柱を立てることによって空高く支えられていること、つまり巨木文化としての共通点において、古代出雲文化との関連がみられそうである。タケミナカタについての『記』の記述では、最後には命乞いをする神として語られてはいるけれども、出雲古代史にとっての英雄というべきであろう。

荒神谷遺跡に、どうして大量の青銅器が整然と埋納されていたのであろうか。私は、これらの青銅器が弥生時代に製作されたことについて異論はない。しかし、発掘の状況――つまり、遺跡にのこされた土器が古墳時代の須恵器であることや、埋納坑の上やその周辺にある強力な焚き火の跡と思われる焼土の堆積は見逃すことができない。これにたいする科学的な年代測定などを手がかりに、埋納の時期あるいは埋納された青銅器への祭祀が続いている時期については、古墳時代まで下がると考えている（「日本海西地域の古代像」『海と列島文化２　日本海と出雲世界』小学館、一九九一年）。

神庭（かんば）の地名を残す荒神谷遺跡の周辺は、もちろん出雲郡内にある。出雲大社が地上にそびえたつ木造の大神殿なのにたいし、荒神谷は地下に神宝を埋納することによって伝えられた聖地であり、ある期間をおいて反復しておこなわれた強力な火焚き神事は、普段は意識されない地下の神宝をよみがえらせ、出雲人の団結をもよみがえらせるためのものかと考えられる。いずれにしても、先ほど述べた異常な出雲郡の範囲は、この二つの性格を異にする「神々」の存在が大前提となっているであろう。

荒神谷遺跡のある簸川（ひかわ）町では、この青銅器をめぐる論文を一般に募集したことがある。応募作品の一つである福島一夫氏による「女首長に後事を託す」は、遺跡のある町内に住む人の作品にふさわしく、見落とされやすい細かな事実を指摘しており、私に大きな感動を与えた。というのは、山に連なる南側は別にして、荒神谷遺跡の東方、北方、西方に、青銅器の埋納を取りかこむようにしてタケミナカタ神（ノカミ）を祀る神社が六つも残っている。

タケミナカタ神が出雲の国譲りにさいして、ひとり抵抗したと伝えられていることを思い浮かべると、これらの神社と荒神谷遺跡との関係はきわめて示唆にとむ。もちろん、これらの神社の創建がいつまでさかのぼるかの問題は残る。だが、寺院と違って神社信仰に関しては、発掘をおこなったとしても年代を決めることは、たいていの場合、むずかしい。それと、たとえ中世・近世にしかさかのぼらない場合でも、その時代の出雲人の考え方が反映しているのであろう。もし荒神谷遺跡とタケミナカタ神の信仰とがどこかで結びつくならば、荒神谷遺跡における埋納当時の大量の青銅器は、当然のこととして古代出雲、それも神話段階でも国譲りがおこなわれるより以前の信仰にかかわっているとみてよかろう。それが大和朝廷の信仰でないことはいうまでもない。

天下無双の大廈

大国主命は、国譲りにさいして壮大な建物（天御舎）を建造することを要求した。『記』では、その場所を出雲国の多芸志の小浜としている。

多芸志については、具体的な地名をあげる注釈書は少なかったけれども、素尊水道地域の旧地形を復元する過程で、出雲市武志町にその地名が残っているのではないかと考えるに至った。これについては、友人の和田萃氏からの教示が役立った。

大国主命の御舎のあった多芸志は、復元地形でみると斐伊川がつくり出した中州状の地形で、ことによると小さな島であったかもしれない。その約一キロ南には、ＪＲ山陰線の斐伊川鉄橋があり、この付近では数メートルの推積土砂の下から弥生後期の土器が発掘されてい

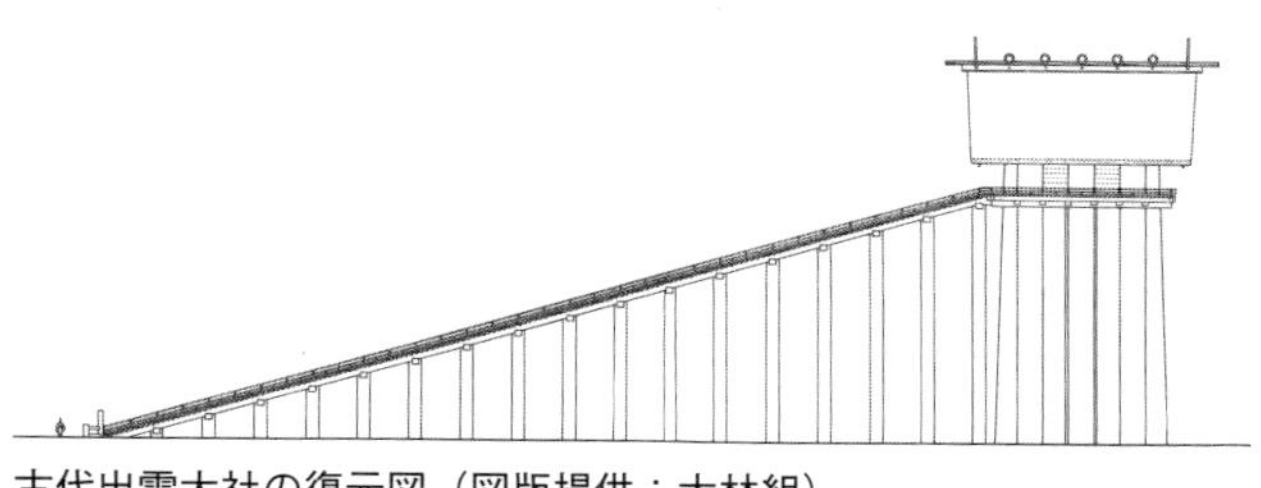

古代出雲大社の復元図（図版提供：大林組）

る。この時期から、中州が形成されはじめていたのであろう。

　多芸志の西南約一キロは、出雲市塩冶町である。古代地形では、斐伊川の河口左岸にあたる。大念寺古墳などの後期古墳（前方後円墳）もあって、出雲の重要な政治拠点の一つである。崇神紀には、出雲臣の遠祖である出雲振根の伝承がある。そのなかで、「止屋の淵」の地名があらわれ、そこには萎、つまり水草が多かったとしており、水草のはえる水辺であることがわかる。止屋とは塩冶のことと推定されている。

　御舎の造営については、『紀』の一書に、天日隅宮のこととして詳しく述べられている。


　千尋の栲を以て、結ひて百八十紐にせむ。其の宮を造る制は、柱は高く太し。板は広く厚くせむ。また田を供佃らむ。また汝が往来ひて海に遊ぶそなへのために高橋、浮橋および天鳥船また供造りまつらむこの状況は今日の出雲（杵築）大社を思い浮かべさせるものがある。今日の出雲大社は、高さ八丈（約二四メートル）の木造建造物で、九本の太い柱によって神殿が空高くもちあげられ、神殿から斜めに階（階段）がつき、かつてはその先端が潟の名残である小川までとどいていた。

本来の建物はさらに空高くそびえ、一六丈（約四八メートル）あったことは確実で、史料によっては三二丈（約九六メートル）であったことを伝え、平安時代には「天下無双の大廈」といわれている。私は三二丈説も、古代の建築技術と日本海沿岸の巨木文化の伝統とを考えると、あながち荒唐無稽とは思えない。なお、一六丈説にしろ三二丈説にしろ、今日のビルディングのような状況で全体が壮大になるのではなく、神殿部分の規模はほぼ同じで、それを差しあげて支えるための柱の部分が現在よりもはるかに高かったのである。

先ほどの『紀』の天日隅宮の描写では、その建物の柱は高くて太いことと、すぐ近くに海があって、海で遊ぶために乗る天鳥船まで、高橋（階のことか）と浮橋（舟橋のことか）によってつながっていたということがわかる。また付近に稲を栽培するための田もある地形であるから、斐伊川のデルタ地形がふさわしいであろう。

神話のうえでは大国主命は政治的な支配力は譲ったことになっているけれども、その御舎は葦原中国の要の位置にあるとみてよかろう。ここで要というのは、素尊水道を利用した東西の水上交通と、河口から川上までの五郡が「川によって居めり」（『風土記』）、つまり川の水運が生活の中心をなしていた斐伊川の河口にあたることをいっているのである。だから大国主命が引退したとはいえ、不便な土地に移り住んだという状況は語られていない。

日本海沿岸の潟港と巨木文化

古代日本海文化は、潟を地域の核として発達し、それぞれの潟には港があり、私は潟港と仮称している。素尊水道は、潟ではないけれども、水上交通の要地という意味では共通した性格があり、斐伊川のもたらす土砂の堆積が素尊水道西部の一部を陸地化させるころから、海岸には砂丘が形成され、神西湖として名残をとどめている潟ができあがった。古代出雲人は、これを神門水海とよんでいた。大国主命神話以後の出雲の古代文化は、この潟を核にして発達したことについては、「日本海西地域の古代像」（前掲）で述べた。

古代寺院の跡から壁画の断片が発掘されて話題をよんでいる上淀廃寺は、鳥取県西伯郡淀江町にある。日本海沿岸でも前方後円墳などの遺跡の集中度からみて、古代に大繁栄をした土地と推定される。今日でこそ、広大な水田の広がる地形であるが、江戸時代の新田開発で埋め尽くされるまで、淀江潟と仮称する潟があった。この潟のほとりには上津守神社があって、港の位置を推定する手がかりを与えているけれども、その神社に隣接した角田遺跡からは、港の風景を線刻であらわした弥生土器が出土していることはきわめて名高い。淀江潟と周辺の遺跡の関係については、かつて考えを述べたことがある（『図説日本の古代４　諸王権の造型』中央公論社、一九九〇年）。

角田遺跡の土器絵画では、美保神社の神事に使われる諸手舟（もろたぶね）のように、櫂（かい）を使って前方へ漕ぎ進む舟が描かれ、まさに舟が岸に着こうとするところに高い建物がそびえている。注目されるのは、その建物の上部の屋舎から、斜めにのびる梯子が岸のほうにとどいている。この関係は、先ほど述べた出雲大社の階の方向と一致する。この建物が戦闘用のものであれば、上り下りする梯子の位置は岸から反対になる。私は、日本海沿岸に限らず、平和な時代には、開かれた港であることを示すために、このような望楼あるいは高臺（たかどの）がそれぞれの港の象徴としてそびえていたと推定している。

角田遺跡の高い建物について〝弥生文化は水稲栽培の文化である〟とする画一論によって、穀物を蓄える高倉と推定された時期があった。しかし、この建物は柱と屋舎との比率が五対一で、きわめて柱の部分が高く、通常の高倉ではない。それと、舟がまさに着こうとする位置にあるということを見落としてはいけない。だが、土器絵画であるために、建物各部の比率はわかっても実際の寸法がわからない。

鳥取県東伯（とうはく）郡羽合（はわい）町にも、今日では東郷池（とうごういけ）とよばれている潟が古代にあって、淀江ととも

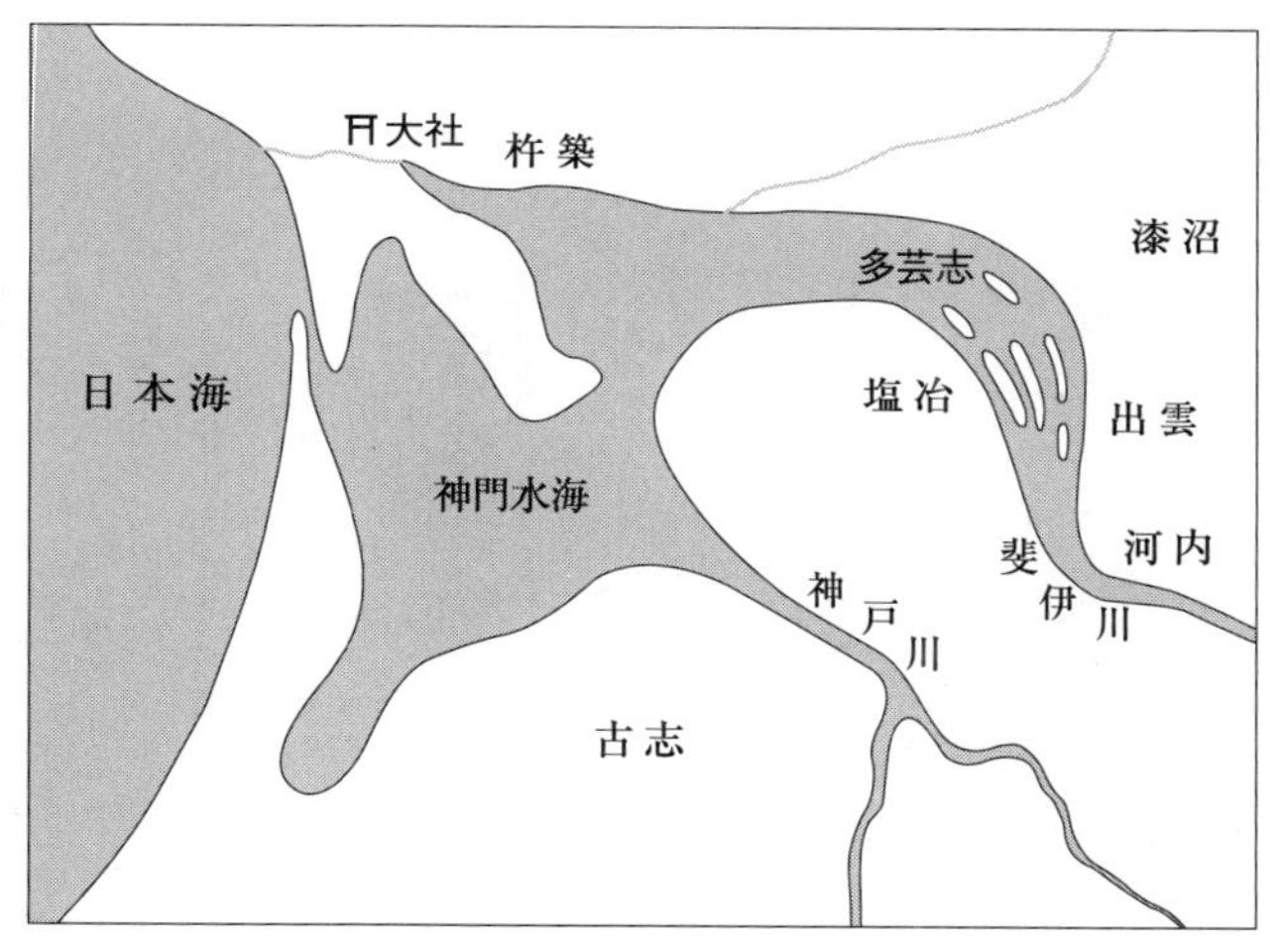

推定葦原中国の古地形

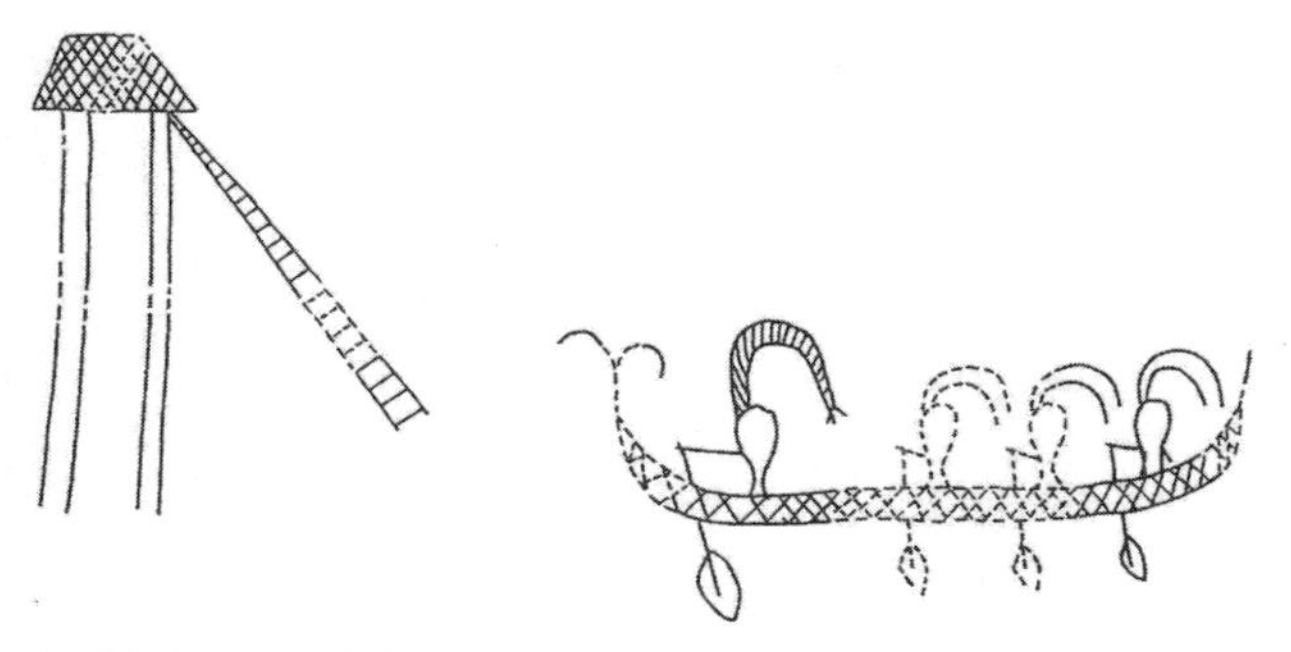

角田遺跡出土の弥生土器に描かれた線刻画（図版提供：米子市教育委員会）

に鳥取の古代の繁栄を代表する土地であった。この潟のほとりに長瀬高浜遺跡がある。そこから〝出雲の神殿の原型〟として発掘当時に話題をよんだ巨大な柱を使った方形の建物跡が掘り出された。この建物には、前方に梯子がともなった形跡もあった（『日本の古代遺跡９鳥取』保育社、一九八三年）。

この建物跡は平面形がわかった。しかし、立体構造や高さは不明である。そこで、角田遺跡の土器絵画の柱の間隔や梯子の先端までの間隔の比率を、長瀬高浜遺跡の建物の大きさにあてはめて高さを計算すると、巨大な木柱の立つ部分だけで一六〜二〇メートル、上部の屋舎をいれると全体では二〇〜二三メートルという高さになる。四世紀末ごろの建物である。なお、角田遺跡の土器絵画が描こうとした建物は、私の印象にすぎないとはいえ、舟の大きさを参考にすると少なくとも一〇メートルはあったようである。

このように、大国主命の神話を読むさいに、何よりも古代の出雲の地形の復元が重要であることと、日本海文化の特色である潟港と巨木文化などの成果を取り入れるならば、神話とはいえ、そこに描かれている土地や建物およびそれを取りまく状況が、机上の創作ではなかろうという思いを強めている。

第8章　海幸・山幸と隼人地域

古代の日向は南九州全体

前章は、〝葦原中国〟と意識された出雲世界、とくに素尊水道海域を舞台として展開している国譲りの神話と、考古学資料によって復元される古地形との関連について述べた。

高天原勢力は、軍事力を背景に大国主命にたいして国譲りを実行させたのであるから、神話の展開では次に天孫ニニギノ尊が出雲へ降る話になりそうなものである。つまり、高天原勢力がニニギノ尊を〝葦原中国の主（君主）〟にしようとして、いわゆる〝天孫降臨〟が実現する。であるのに、どうしたわけか〝降臨〟した土地が出雲ではなく南九州なのである。そればかりか、国譲り神話以後、出雲にたいしては、天皇自らが移住した伝えがないことはもとより、訪れたという話もまったくない。出雲は、そのような土地になるのである。神話の流れのなかに歴史の展開を見いだそうとすることは、現代流の考えなのかもしれない。

ニニギノ尊が高天原から降った土地は、日向の襲の高千穂峯になっている。日向といえばすぐに太平洋に面した宮崎県を思い浮かべるけれども、和銅六年（七一三）に大隅郡・囎於郡などの四郡を日向国から割いて大隅国ができた。それと前後して、薩摩国が分置された。だから、八世紀以前には、日向国はその西部が東シナ海に面しており、南九州全体に及んでいた。〝日向神話〟というときの〝日向〟は、今日の宮崎県だけではないのである。

『紀』では、ニニギノ尊が地上に着いたのは日向のなかでも襲という土地とされている。襲は曽とも書き、奈良時代になって地名を二字で表現すること（たとえば泉が和泉、津が摂津）が流行するにつれて、先ほどの郡名にみたような二字表記（囎於・囎唹）になったと推定される。

奈良時代には、囎唹君多理支佐という隼人の豪族がいた。囎唹君は曽乃君とも曽君とも書かれている。天平十二年（七四〇）に板櫃川（今日の北九州市）を戦場とした藤原広嗣と律令政府軍との戦いにさいして政府軍に寝返り、政府軍を勝利に導いた重要人物として登場する。今日も鹿児島県に曽於郡があるけれども、古代の郡域は姶良郡の東半と現在の曽於郡の北半などだといわれ、多少範囲は異なっている。その範囲は大隅半島の北半部、志布志湾か

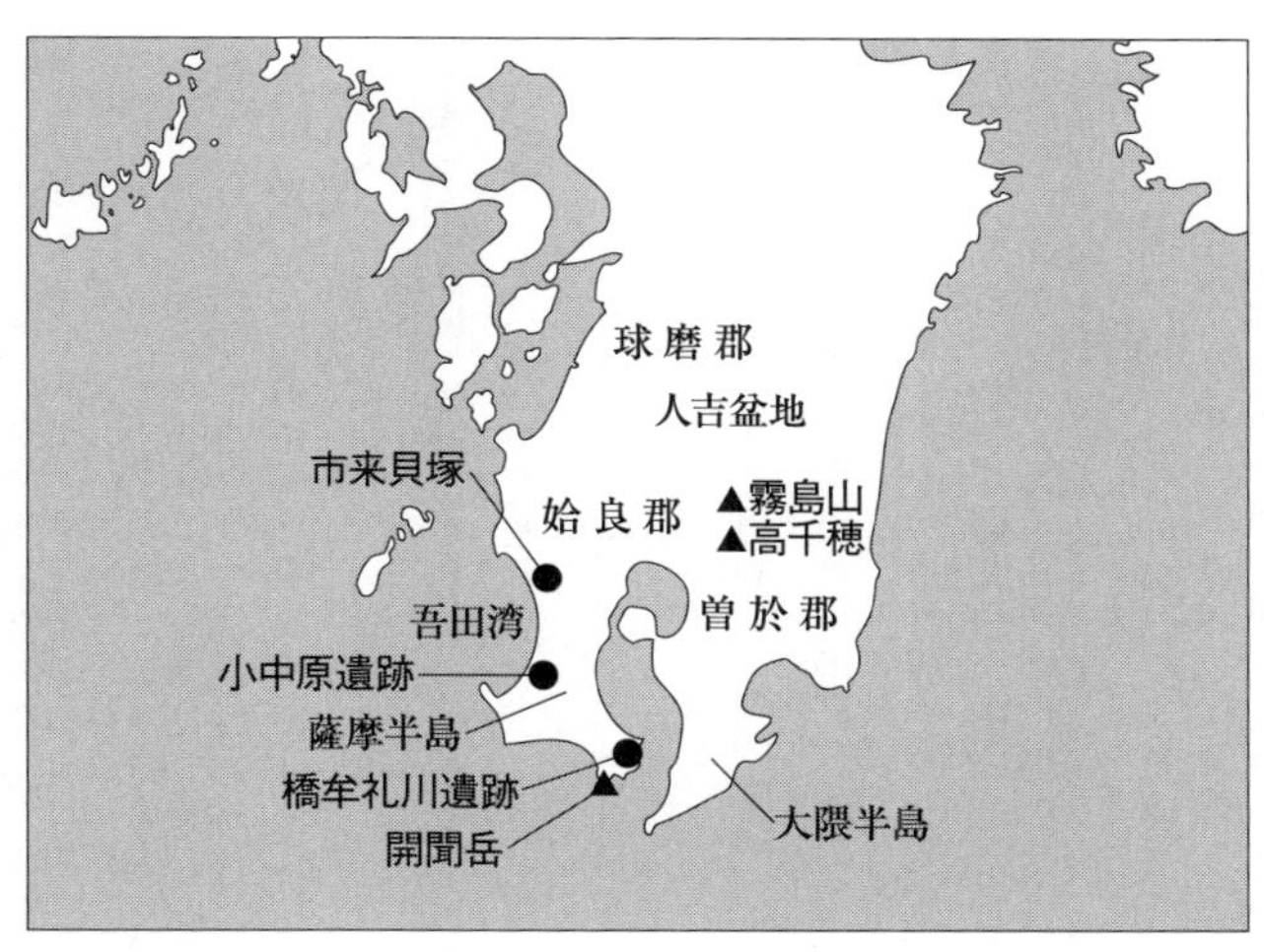

古代の日向の範囲

ら鹿児島湾におよぶ地域の豪族と推定される。

奈良時代に戦争を左右するほどの豪族を生み出していたわけだが、それ以前から勢力のあった土地で、ヤマトタケル（日本武尊）が討ったとする物語のある〝熊襲〟についても、熊本県人吉盆地の免田町を中心としたクマ（球磨）と、大隅半島のソを合わせた地域名とみる説があり、私も支持している。『紀』では景行天皇が九州の諸地域を服属させる戦いの旅を続けたとき、強大な相手として襲の国があらわれている。だから、天孫降臨にさいしてソの地名が最初に登場するのは、辺境という先入観を別にすれば、とくに不思議ではない。

ニニギノ尊は襲の高千穂峯から膂宍の空

国を通って吾田の長屋の笠狭碕に至った。ここでも二つの重要な問題がある。まず、膂宍の空国については「荒れてやせた不毛の地」と注釈をつけている書物が多い。しかし、民俗学者の谷川健一氏が宮崎県の椎葉村で猪狩りをする山人から採集した話では、「ソジシというのは、鹿や猪の背中の肉をさすが、そこは霜降り肉のようにきめがこまかく、脂肪も多くないので、もっとも美味である」と述べ、うまい肉がそのまま不毛というイメージに結びつくかどうかについて疑問を投げかけている（「椎葉村で採集したソジシという言葉について」『古代学研究』七八号、一九七五年）。

もう一つは、吾田という土地についてである。吾田は阿多とも書き、大隅半島とは鹿児島湾を隔てた薩摩半島を指している。今日では吾田の地名は人びとの記憶から薄れつつあるけれども、一九〇一年（明治三十四）に刊行された吉田東伍の『大日本地名辞書』では、薩摩半島を吾田半島とよんだり、半島西部の緩やかな湾を吾田湾とよんだりするのを紹介している。しかし、弥生時代や古墳時代の阿多勢力の根拠地は半島全体ではなく、半島の南東部、薩摩富士ともいわれる開聞岳を中心地とした地域であったと推定される。

「日本のポンペイ」として発掘調査のすすんでいる指宿市橋牟礼川遺跡は、弥生時代から平安時代に至る大集落の遺跡で、阿多の中心地での有力な集落として注目を集めている。この遺跡の特色は、時代が下がっても土地の伝統文化あるいは生活の習慣を失っていないという

小中原遺跡から出土した「阿多」の文字がヘラ書きされた皿（写真提供：鹿児島県立埋蔵文化財センター）

点である。一九九〇年には、薩摩半島中央部の金峰町の小中原遺跡で、平安時代の土器に「阿多」の二字をヘラ書きにした資料が発掘された。平安時代には阿多に関する資料が少ないといわれていたので、貴重な文字資料である。

　南九州の有力な隼人集団には、阿多隼人と大隅（住、角）隼人とがある。天武十一年（六八二）、大和の朝廷に挨拶にきた隼人の両集団は、朝廷で相撲をとり、このときは大隅隼人が勝っている。この二大集団は、大和の支配者によって意図的に対比された気配がある。この二つの大集団のほか、菱刈、甑、多禰などにも隼人集団がいたとされる。私はこれらの地域名を冠した隼人は、その地域全体の住民が隼人というのではなく、〝甑島にいる隼人〟の意味とみている。そのように考えると、阿多や大隅の地域でも、全住民が隼人という実態ではなかっただろう。

阿多隼人については、その集団からでた女性が、これからふれるように天皇家の先祖やイワレヒコ（神武天皇）と婚姻関係を結んでいて、名族として扱われている。だが、古墳の大きさや数からみると、集団としては大隅隼人のほうがはるかに大きかったという印象を受ける。

ニニギノ尊は、吾田の土地においてコノハナサクヤ姫に出会った。コノハナサクヤ姫は、神吾田津姫の名前ももっているから、吾田の土地との関係が示されている。ニニギノ尊に召されたコノハナサクヤ姫は、一夜で子を身ごもった。そこでニニギノ尊が疑うと、姫は怒って、入り口のない室を作って、そのなかにこもり、「もしあなたの子供でなければ焼け死ぬでしょう」と言って火をつけながら出産をした。名前は美しいが、気性の激しい女神である。そのため、いつしか富士山を祀る浅間神社の祭神にもなった。つまり火のことから、火山の神になったのである。

最初に出た煙の端から火闌降命が生まれた。これを隼人の始祖としており、これから述べる海幸彦である。二番目に火熱が下がりだしたときに生まれたのが彦火火出見尊で、これから述べる山幸彦である。最後に生まれたのが火明命で、尾張連の始祖とされている。『紀』

の一書によっては、二番と三番の順序が逆になっているものもある。この出産記事のあと、ニニギノ尊は亡くなり、筑紫(つくし)の日向の可愛(え)の山陵(みささぎ)に葬ったという。

隼人の行動力

『記・紀』ともに海幸・山幸の話はおさめられているけれども、人名の表記はさまざまある。『紀』の第三の一書には、海幸彦・山幸彦として登場するので、親しみをこめて以下その表記を使う。

兄・海幸彦（火闌降命）は生活の基盤が海であった。弟・山幸彦（彦火火出見尊）は生活の基盤が山であり、いわば海人にたいする山人といった関係である。あるとき二人は一度だけ生活の方法を取り換えようということになり、お互いの道具を交換して、海と山に出かけた。だが、二人の思惑とは違って、獲物は得られず、そればかりか山幸彦は兄の釣り鉤(ばり)（針）を失ってしまった。そのなくした釣り針をどうしても探せという難問を兄がだしたことから、この話は展開する。

長年、隼人の研究に取り組んでいる中村明蔵(なかむらあきぞう)氏は、阿多隼人は海洋的、他の隼人は山の民的様相をもっていると指摘したことがある。それも参考になるけれども、日本列島各地の海岸に面した遺跡（漁村とか海村といわれる）を発掘すると、貝殻や魚骨などの海の獲物に加え、鹿や猪さらに鳥などの山の獲物の骨が共存していることがよくある。もっともこれらの鳥獣も、必ずしも山の獲物とは言い切れず、交換でもたらされたり、海岸近くで捕れる場合もあるだろう。古典には、しばしば鹿が海を泳いで渡る話があるし、海岸に面した遺跡にも石鏃(せきぞく)などの狩猟具がのこされていることはむしろ普通といってよい。

だが逆に、山間盆地の遺跡では、ごく少量の交易でもたらされたと推定される海の獲物は別にすると、大部分が山の獲物の骨を残していて、地形を異にする二種類の遺跡を仮に海幸的・山幸的と対比した場合、海幸的な集落のほうが生産手段に多様性があるような印象を受ける。だから、この神話において、山幸彦のほうが大きな失敗をしたということになっているのは、遺跡の示すところと矛盾してはいない。

兄に難題をもちかけられて、山幸彦は海辺で憂い、苦しんでいた。そのとき、塩土老翁(しおつちのをじ)に出会い、事情を話すと、無目籠(まなしかたま)を作って山幸彦をその中に入れ、海神の宮に送り届けた。ここでも二つ、見落とせないことがある。

塩土老翁は、先に述べたニニギノ尊が吾田の長屋に至ったときに、土地の物知りとして登場する人物といわれている。『紀』の一書では、イザナキノ尊(ミコト)の子として説明されている。つまり、薩摩半島の吾田地方には、天孫降臨以前に、高天原勢力と関係のある者が居住していたというストーリーになっている。この人物はニニギノ尊に、よい国のあることを教え、

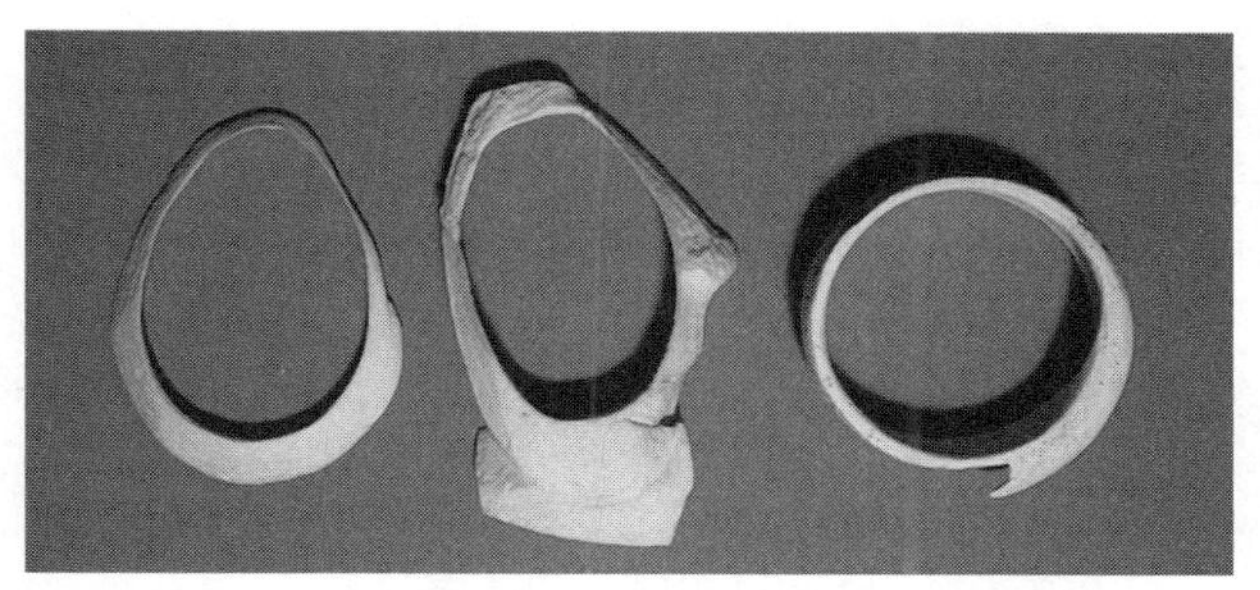

松ノ尾遺跡出土の貝輪。左から、オオツタノハ、ゴホウラ、イモガイの各製品（森浩一『図説日本の古代４　諸王権の造型』中央公論社、1990 年）

山幸彦には海神の宮のありかを教え、のち〝神武東征〟にさいしてはイワレヒコに東方に青山で囲まれたよい国のあることを教えるなど、海上交通の掌握者あるいは経験者、さらに遠く離れた土地の情報を知っている者としてあらわれている。

薩摩半島は、縄文時代や弥生時代において、東シナ海沿岸を利用した海上交通の中継地としての役割が大きく、たとえば市来（いちき）町の市来貝塚（川上（かわかみ）遺跡）を標識遺跡とする縄文時代後期の市来式土器は、貝殻で文様をつけるという点において、海との関係の深い集団が用いたものとみられている。この土器の特色は、西日本一帯の海岸に面した遺跡からも出土することであり、遠方まで運ばれている土器として名高い。つまり、市来式土器の背後にある集団は、舟に乗って南島から北部九州、さらに一部は瀬戸内海沿岸地域にまで活発な交易活動に従事していたと推定されている。

この市来式土器を残した集団以後を、隼人系とみる人もいる。北部九州の弥生社会の男の支配者たちは、佐賀県の吉野ケ里遺跡の甕棺墓に葬られた死者にみられるように、沖縄本島など南島の海中でしか取れないゴホウラ貝を加工した腕輪を使う根強い風習があった。また女性は、これも南島産のイモ貝を加工した腕輪を使う風習があった。北部九州の弥生社会の支配者層の人びと（その一部を中国人は王とよんだ）にとって、ゴホウラ貝やイモ貝は中国からもたらされる銅鏡にも劣らぬほどのあこがれの品々であった。

阿多隼人といわれた集団は、ゴホウラ貝やイモ貝を南島から北部九州に運ぶうえでも大きな役割を果たしたであろう。この伝統は古墳時代にも続き、大阪府茨木市にある紫金山古墳（四世紀の前方後円墳）では、弥生時代の腕輪を踏襲したゴホウラ貝を加工した貝製品が発掘されている。この古墳では、ゴホウラ貝製の腕輪だけではなく、その形を碧玉で作った腕輪（もしくは腕輪形宝器）も出土している。

このような碧玉製品は、近畿地方の古墳時代前期の代表的な副葬品として古くから知られ、江戸時代にはすでに「鍬形石」の名称がついていた。しかし、江戸時代はもとより一九六〇年代まで、近畿地方の鍬形石が九州のゴホウラ貝製の腕輪に祖形をもつことは知られていなかった。ところが、一九七三年の遺跡探訪の旅で、弥生時代後期の鹿児島県枕崎市松之尾遺跡からほとんど鍬形石と同じ形のゴホウラ貝の腕輪が出土しているのに気づき、地元の研究者に学界への発表を依頼したことがある。碧玉製鍬形石のもっとも近い祖形とみてよかろう。このような点からいっても、吾田地方と近畿の大王家との間に何らかのつながりがあったことは事実とみてよかろう。

このように、薩摩半島での考古学的な状況を考えると、遠方の土地の情報を知った者として登場する塩土老翁は、阿多隼人の集団の長にふさわしい役割を果たす者として語られているとみてよかろう。それは一口にいって、隼人の行動力を示している。大阪市を流れる淀川の河口は、瀬戸内海交通の東端にあたり、奈良県や大阪府、さらに京都府などへの河川交通の出発点でもある。弥生時代から古墳時代にかけてこの河口に「大隅島」があった。私は近畿地方各地に分住している隼人集団の要的な根拠地とみている。このように、隼人集団は遠隔地にも拠点があることを特色としており、情報や新しい知識の伝達者としての役割も大きかったであろう。

二つ目は、山幸彦を海神の宮に送り届けるさいに用いた無目籠である。『延喜式』の隼人司の条によれば、隼人はさまざまな竹製品を製作していることが知られる。隼人と竹の関係は道具の製作にとどまらず、信仰や文学にも及んでいる。日本でもっとも古い小説といわれる『竹取物語』は、今日、竹藪（たけやぶ）の続く南山城（みなみやましろ）が舞台だとする見方が有力である。南山城はすでにいろいろな機会に述べたように、南九州からの隼人の移住地の一つであり、ここには大隅隼人が多いが、阿多隼人の存在も正倉院文書（隼人計帳）にうかがうことができる。まだ深く追究はしていないけれども、月にたいする信仰とともに、『竹取物語』の原型も南九州から南山城へともたらされたのではないかという予測を、私はたてている。いずれにしても、「隼人ならば目のつまった竹籠が作れる」という認識が九州に限らず近畿の人びとにもあったのであろう。

"海神の宮" 思わせる唐古・鍵遺跡の土器絵画

無目籠にのった山幸彦は、海神の宮に着いた。海神は海童ともいわれることがある。その宮は、臺・宇が玲瓏としていた。前章で述べたように、船の出入りする津（港）には、実用性と象徴を兼ねて、空高くそびえる建物があり、それを高臺と呼んでいたけれども、海神の宮にふさわしく、高臺と立派な建物（宇）が玉のように照り輝いていたのである。

一九九二年五月、奈良県田原本町唐古・鍵遺跡から、中国の宮殿を思わせるほど立派な建物を描いた弥生土器の破片が出土し、学界を驚かせた。だが、この貴重な考古学の新資料も、新聞やテレビでは時代の違いを無視して邪馬臺国問題の資料として扱われたのは残念であった。

私がこの建物の絵画をみてまず頭に浮かんだのは、山幸彦が訪れた海神の宮についての

『記・紀』の描写であった。それもあって、ある人からこの建物を連想する色紙を求められたとき、ためらわずに「玲瓏たり楼観（ろうかん）」と書いた。臺は楼観といってもよいのである。『記』では、この宮のありさまを魚鱗（いろこ）のごとくつくった宮室と表現している。『万葉集』では、この神話にちなんだ話で「海神（わたつみ）の殿（との）のいらか」ともいっている（十六巻三七九一）。古墳時代の日本列島には、そのごく末期を別にすると、瓦葺きの建物はないけれども、異国ではすでに瓦葺きの建物があったので、いずれにしても本州島や九州島から遠い地にある海神の宮の屋根の状態を〝魚鱗〟のようだと表現したともみられる。

山幸彦は海神の宮で釣り針をなくしたことを話すと、海神は大小の魚を集めて情報を求めた。すると、〝赤女（あかめ）の口に傷がついている〟ことがわかったので、その口を調べると、なくなった釣り針があった。このようにして、兄・海幸彦の釣り針は無事みつかったのである。『紀』では、赤女に注釈をつけて「鯛魚の名なり」としている。渋沢敬三（しぶさわけいぞう）氏の労作『日本魚名の研究』（角川書店、一九五九年）の資料編「同名異魚資料」によると、「アカメ」についてヨロイダイとフエフキダイをあげ、ともに鹿児島県での方言だとしている。海幸・山幸の物語でも網で取るのではなく、一本釣りの対象となる魚だという点から考えても、鯛（たい）の可能性はつよい。

山幸彦は、ここで海神の娘・豊玉姫（とよたまひめ）と結婚し、三年が過ぎた。だが、望郷の思いが募ったので、海神もその思いを容れて送り届けることにした。山幸彦が釣り針を返しても、なお兄の怒りが解けない場合の用意にと、海神は潮満瓊（塩盈珠）と潮涸瓊（塩乾珠）の二個の宝珠を授けた。海水をいっぱいにしたり、逆に引かせたりすることのできる不思議な力をもっているという。

山幸彦が海神の宮を去ろうとしたとき、豊玉姫は妊娠していた。彼女は「風のきつい日に追いかけて行くので、産屋をつくって待っていてください」と言った。実際、豊玉姫は妹の玉依姫をともなって後からやってきた。玉依姫は、神武東征の主人公であるイワレヒコの母になる人である。

『記』や『紀』の一書によると、山幸彦はワニ（和邇・鰐）の頸に乗って一日で帰ってきた。現在でも中国山地ではサメのことをワニといって、その肉を珍重しているように、古代ではサメのことをワニといった。最近、瀬戸内海での人食いザメの危険が語られているけれども、神話のうえではサメは人と仲のよい魚であった。

兄・海幸彦に釣り針を返しても、兄の荒き心はなかなかやまなかった。そこで、山幸彦は海神の教えにしたがって二つの宝珠を操り、兄を水責めにした。そのため、ついに兄も弟に屈伏し、「これから先は、あなたのための俳優の民になります」と約束して服従した。『紀』では、海幸彦は吾田君小橋の本祖、つまり遠い先祖だといっている。

唐古・鍵遺跡出土の弥生土器に描かれた宮殿を思わせる建物（写真提供：田原本町教育委員会）

神話の世界をしばらく離れ、京都の古い民家の屋根を見上げながら散歩をしてみよう。

お寺のように大きな屋根には、年代が江戸時代でも鬼の顔をした鬼瓦（おにがわら）が棟先を飾っているけれども、民家の屋根の棟先には三つの半円が山形に並んだ〝鬼〟がよく使われている。使われている場所は鬼瓦の位置ではあるが、形や文様は奈良時代以来の鬼瓦とは違っている。よく見ると、三つの半円形は渦をあらわしていて、波の形のようである。最近では、形だけを作ったものが多いけれども、数十年前の建物を見ると、中央の半円形の下部に宝珠を配したものがある。

民家の棟の下の壁に大きく「水」の一字を書いているのを見かける。いうまでもなく、火災の恐ろしさを呪いによって少しでも封じこめようとする意図であろう。とくに民家が密集している大都市になると、一軒の家がいくら火災に注意していても、大火のときの類焼は防ぐことができない。京都の民家の棟先の仮称〝渦形鬼瓦〟の内部を飾る宝珠は、山幸彦が水を自由に操ったとする神話にちなんだ呪的な図案であろう。海幸・山幸の神話は今日も人びとに気づかれることなく生き続けているのである。

山幸彦と浦島太郎

『彦火火出見尊絵巻』が小浜市明通寺に伝えられている。現在は江戸時代の忠実な模写しか残っていないが、もとの絵巻は日本の絵巻物のなかでもたいへん古いものだと推定されている。この絵巻は、福井県小浜市の松永荘の新八幡宮に、室町時代にあったのは確実とされているが、私が不思議に思うのは、南九州を舞台に展開した海幸・山幸の物語を描く絵巻物が、どうして日本海沿岸の福井県にあるかということである。新八幡宮については、どのような由来をもつかはまだわかっていない。だが、若狭国の一の宮、二の宮としてよく知られている若狭彦神社と若狭姫神社の近辺、おそらくその境内にあったと推定される社である。

小浜市には、東寺の荘園として名高い太良荘があったが、太良の丹生神社は祭神が山幸彦つまり彦火火出見尊である。それだけではなく、若狭彦神社も祭神は彦火火出見尊であり、若狭姫神社はその妻・豊玉姫が祭神である。その点を考えると、この地に『彦火火出見尊絵巻』があるのは、いっこうに不思議ではない。

私の研究分野からはずれるけれども、山幸彦の海神の宮訪問と滞在は、雄略紀以降にみられる浦島子（浦島太郎）の物語に一脈通じるものを感じる。いうまでもなく、浦島子の舞台は若狭の西隣の丹後半島である。それと、若狭は〝越水〟つまり変若水を汲みとれる聖なる土地と信じられていた。変若水とは若返りの水であり、不老長寿の聖水でもある。このような土地柄が、彦火火出見尊や豊玉姫への信仰を生み出した背景であろうか。なお考えるべき問題が山積されている。

第９章　〝神代三陵〟と隼人文化

南九州と天皇家の遠い祖先

〝日向（ひゅうが）〟神話とよばれているイワレヒコ（神武（じんむ））以前の、いわゆる〝神代〟の三人のミコトたちの舞台として描かれている土地は、今日の宮崎県だけではなく、鹿児島県を含んだ地域であり、物語の展開のうえではむしろ鹿児島県、とくにその西南部の薩摩（さつま）半島がひんぱんに登場することについては前章で述べた。これら南九州の土地は、いうまでもなく隼人（はやと）とよばれた集団の活躍するところでもあった。

このように神話の展開のうえでは、南九州と天皇家の遠い先祖が不離一体の関係にあったのだが、それが神話のうえにとどまらず、実際になんらかの関係があったのか、それとも

『記・紀』の編者たちの完全な創作であったのかについては、考古学や民俗学の資料、さらに南九州という土地柄や奈良時代以後の歴史の推移などをも十分に考慮してから、考えをまとめねばならない。それは容易なことではなかろう。

前章でも少し述べたように、〝完全な創作〟とみるには無視できない考古学資料がある。といって、もちろん『記・紀』の物語の展開通りの史実があったということは、とうてい考えられない。そこで本章でもう一度、南九州のいわゆる隼人の地域について、微細な資料に目を向けてみよう。

十七世紀のはじめに日本で活躍したイエズス会の通事ジョアン・ロドリーゲスは、『日本教会史』のなかで、〝日本人が住んだ最初の地方は九州の日向である。そこに最初の国王神武まで(もちろん東方への移住まで)が住んでいた。日向には鵜戸岩屋(うどのいわや)という洞窟があって、そこが国王の宮殿である〟という意味の文章を載せている(『大航海時代叢書9 日本教会史上』岩波書店、一九六七年)。

ロドリーゲスは、日本人の間で通事伴天連(つうじばてれん)とよばれた。つまり日本語に通暁していたのである。ということは直接、日本人からものを聞くことができた人であるから、彼が残した文章には貴重な情報があると私は考えている。見通しにすぎないけれども、南九州に天皇家の遠い先祖が根拠地をかまえていたことについてのロドリーゲスの知識は、『記・紀』を読むことから得ただけではなく、九州の人びとから得た伝説をまじえた話であったであろう。

文明十年（一四七八）、臨済の僧であり名高い儒学者であった桂庵玄樹が薩摩に招かれ、いわゆる薩南学派を興した。この機会を利用して、彼は薩摩や日向の地の旅をしている。鵜戸を訪れたとき、〝鵜戸廟〟に詣で、次のような臨場感にあふれた詩を残している（『島陰漁唱』、『島陰集』ともいう）。

扶桑開闢　帝王城　神武霊蹤　今古驚
定百龍燈照深夜　海濤打岸怒雷声

このように、宣教師たちが記録を残した以前にも、鵜戸の洞窟を神武の霊蹤、つまり聖跡とする神話と結びついた信仰があったことを知ることができる。

南九州を舞台にしたニニギノ尊・ヒコホホデミノ尊・ウガヤフキアエズノ尊らの物語、さらにそれに関連して登場する塩土老翁の物語では、前章で述べたように、その地域の支配者層の人びとが海上交通によって遠隔地と交渉をする能力をもっていたり、あるいは遠隔地についての知識をもっていたり、ときには自らも異国と思われる遠隔地に出かける人として描かれていた。また豊玉姫や玉依姫などは、異郷から海を越えて南九州に至り、豊玉姫にいた

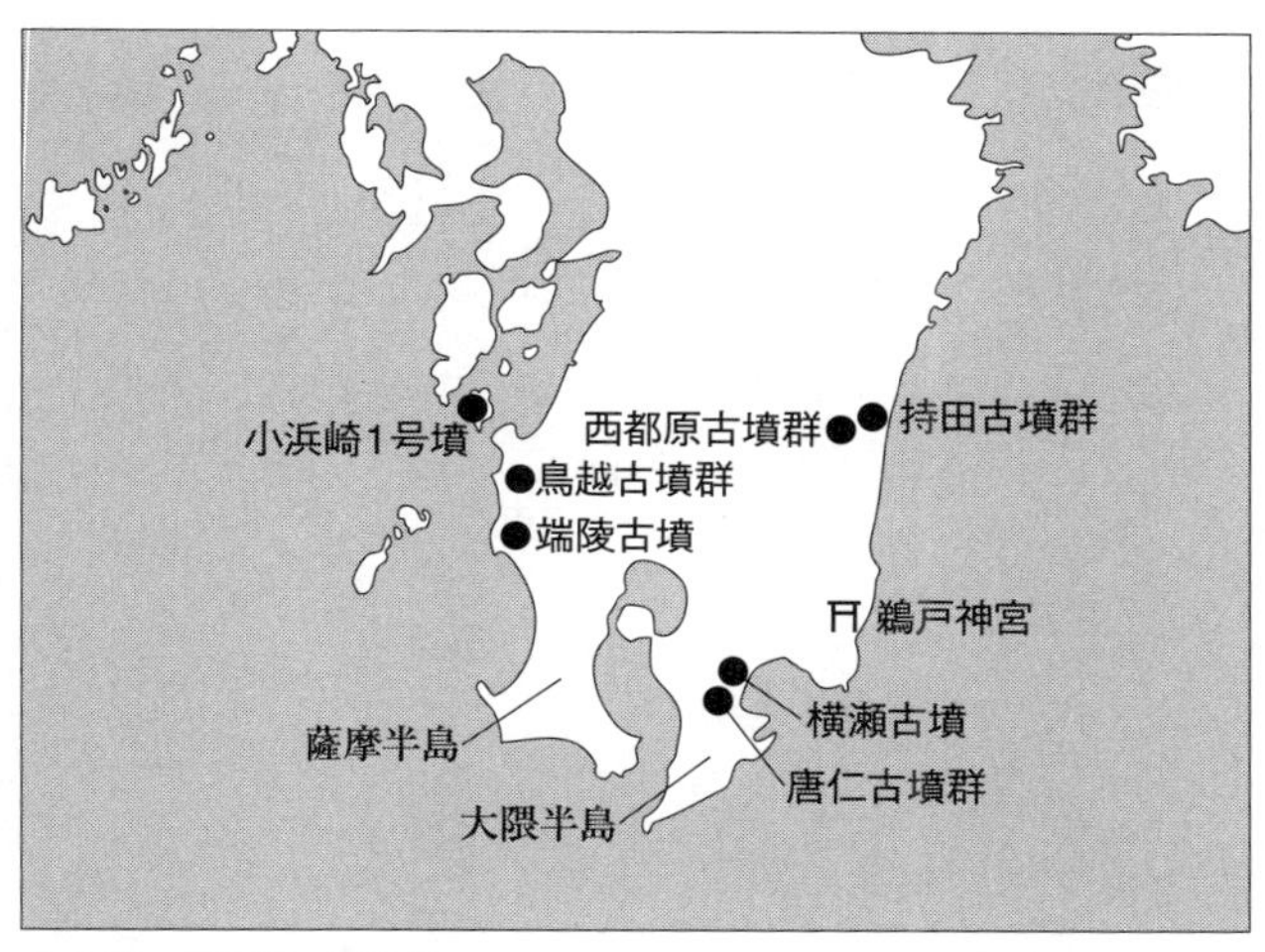

南九州の重要な古墳群

ってはウガヤフキアエズノ尊の出産を終えたのち、再び異郷に帰っている。

このような行動は、イワレヒコ以後の天皇や皇后たちとは異なったものとして私には感じられる。とくに大和の天皇や皇后たちは、わずかの例外を除くと、海を越えない人たちであった。その意味では、ウガヤフキアエズノ尊と海神の娘・玉依姫との間に生まれた四人の男子のうち、長子（五瀬命）はいずれ扱うことではあるけれども大阪湾で命を失い、次男（稲氷命）は「妣の国として海原に入り」、三男（御毛沼命）は「海の穂、つまり波を踏んで常世の国に渡る」などの行動をしている。これらの海原や常世の国についてはさまざまな解釈があるけれども、新羅や南中国（華南）とみる説があり、私も異郷の地説が妥当であると考えている。つまり彼らは、航海者であったり、ときには海戦の指揮者として登場しているのである。

『延喜式』の神代三陵

『紀』には、〝神代〟の三人のミコトたちについて、それぞれ名前のついた陵に葬ったとする記事がある。ニニギノ尊を例にとると「筑紫の日向の可愛（埃）の山陵に葬る」とある。だが、いわゆる東征（東遷）以後の大和の天皇たちが、何かの重要事件にさいして、日向にあるはずの〝神代三陵〟に使者を派遣したという記事や、陵の修理や管理についての記事はまったくない。

景行天皇の場合、『紀』では自ら九州に遠征をしたという設定になっていて、日向国では高屋宮という行宮を作ったことになっている。高屋というのは、ヒコホホデミノ尊を葬った「日向の高屋山上陵」の地名にあらわれている高屋のことであるとみてよかろう。だが物語のうえで、景行が神話のうえでの祖先の陵に詣でた話にはなっていない。

そればかりではない。平安時代前期にまとめられた『延喜式』にも、注目を要する記録がある。『延喜式』は、律令政府の運営上欠くことのできない慣習や規則を細かく記録した書物であるが、その二十一巻に諸陵寮の記録を含んでおり、神代三陵の記事がある。

諸陵寮の冒頭には、日向埃山陵をはじめとする陵を列記し、そのいずれにも「日向国にある。陵戸なし」と書いている。

『延喜式』では、一般に陵名のあとに所在地などを示している。たとえばイワレヒコ（神武）の場合は、

(1)大和国高市郡にある、(2)兆域は東西一町　南北二町、(3)守戸は五烟

と詳細な記述がある。このような一般的な記載法に比べると、神代三陵については、国名はあるけれども(1)のような郡名がない。実際の陵墓の範囲や広さを示す(2)の記載がない。さらに天皇家にとって重要な先祖であるにもかかわらず、(3)の管理をする者の存在が認められない。これらから考えると、実際に該当する古墳があった可能性は少ないように感じられる。

事実、『延喜式』でもこれらの神代三陵については、山城国葛野郡（現・京都市上京区）にある田邑陵（文徳天皇陵）の南原で祭るよう決められていた。その祭場の広さは東西・南北とも一町（約一〇〇メートル）で、奈良時代や平安時代の陵墓の兆域に比べるとたいへん狭い。

それだけではなく、これらの三陵が「日向国にある」とする点にも問題がある。いうまで

もなく、ここでの日向国とは大隅(おおすみ)や薩摩は含んでおらず、宮崎県のことである。考古学的な根拠は少ないけれども、主として地名や信仰によりながら、それまで宮崎県内にも神代三陵の候補地はあったにもかかわらず、政府は一八七四年（明治七）に、三陵のすべてを鹿児島県内に政治決定している。このことは、『延喜式』とはくい違うが、神話にあらわれた地名を重視するかぎり、やむをえない結論のように思える。

このように整理してくると、問題点はかなり明らかになってくる。前章で述べたことであるけれども、八世紀以前には日向国は大隅や薩摩の地を含んでいた。しかし、いわゆる神名帳の部分をはじめ、『延喜式』の全体の扱いでは、薩摩国と大隅国を日向国から分けて記述している。だから、実際に当時、神代三陵なるものがあったのであれば、『延喜式』では薩摩国にあると書いているはずであった。神代三陵が日向国にあるというのは、たぶんに精神的な存在であったからであろう。

十世紀の段階でも、南九州にあるはずの神代三陵は、個々の場所が明確に掌握されていたのではなく、平安京(へいあんきょう)近くの真原岡(まはらのおか)の田邑陵から遠く拝み見るという習慣があったことが知られるのである。どうして大和朝廷が神代三陵について関心を示さなかったのか、そこに何らかの史実が潜んでいるのか、それとも古代日本人の先祖観に関連するのか、これについては、さらに考察を深める必要がある。

日向と大隅に集中する前方後円墳

宮崎県西都市にある西都原古墳群は、どのような集団が残したものであるのかについて、戦後の考古学ではほとんどふれることのできなかった謎の一大墓地である。台地の上に約三百基の古墳が点在するばかりか、地下にも墳丘をもたない〝地下式横穴墓〟が隠されている。地下式横穴墓は南九州、とくに宮崎県南部から鹿児島県東部にかけて分布する特異な墓制で、大隅隼人が残したものではないかという説がある。

西都原古墳群が注目されているのは、古墳総数の約一割（三十二基）が前方後円墳であるという点である。つまり、九州でもっとも前方後円墳が集中する土地なのである。古墳の数が多いというだけではなく、この古墳群にはオサホ塚とメサホ塚とよぶ二つの巨大前方後円墳がある。古墳の多い北部九州や中部九州を見渡しても、この二つの巨大古墳は傑出した大きさであり、九州島での一位と二位の規模の古墳が西都原にあるのである。参考までにいえば、三位の古墳は福岡県八女市にある岩戸山古墳（長さ一三二メートル）で、この古墳については筑紫の君磐井の墓としてほぼ間違いないことはよく知られている。

墳丘の長さ約二一九メートルのオサホ塚古墳は、前方部の損傷もしくは変形がいちじるしく、そのため遅れて築造されたメサホ塚古墳によって一部が破壊されたという見方が出たこともある。だが最近では、本来、前方部の短い帆立貝式古墳（前方後円墳の亜式）ではないかとする説もあって、考古学界が早急に究明すべき課題の一つになっている。

オサホ塚古墳に一部重複するようにして築造されているメサホ塚古墳は、墳丘の長さが一七四メートル、周囲に形の美しい空濠（からぼり）があるなど、まるで大和や河内（かわち）の五世紀代の前方後円墳を見るようである。九州全体でも、もっとも近畿的な前方後円墳といってよかろう。

オサホ塚とメサホ塚の二つの古墳は、考古学者が立ち入り、観察をすることの許されない陵墓参考地になっている。どうして宮内庁の管理下にあるかといえば、先ほど述べた明治時代初年までは、オサホ塚古墳がニニギノ尊の陵、メサホ塚古墳がコノハナサクヤ姫（ヒメ）の陵とする伝説と信仰があった。だが、明治七年の陵墓決定にさいして参考地に格下げされたのは、やはり神話の主たる舞台である土地としてややふさわしくないということによったのであろう。

宮崎県南部には西都原古墳群だけではなく、いくつかの重要な古墳群がある。数年前に魏（ぎ）の架空の年号である「景初四年」銘をつけた銅鏡の存在がわかった持田（もちだ）古墳群（高鍋（たかなべ）町）もその一つである。前方後円墳をまじえた古墳群は、宮崎県南部だけではなく、鹿児島県の大隅半島にも及んでいて、唐仁（とうじん）古墳群（東串良（ひがしくしら）町）や横瀬（よこせ）古墳（大崎（おおさき）町）を残している。唐仁古墳群最大の大塚（おおつか）古墳は、墳丘の長さが一三七メートルで、鹿児島県最大の前方後円墳である。

このように、〝日向〟神話の舞台では、律令時代の国名に直すと日向と大隅に前方後円墳が多く残されているのにたいし、神話の展開上もっとも重要な土地としてあらわれている薩摩には、つい最近まで前方後円墳が知られていなかったという問題があった。もし、薩摩の範囲に西都原古墳群や唐仁古墳群にあるような前方後円墳が存在していたならば、江戸時代や明治時代の人びとは、神代三陵の最有力候補として扱うことができたであろうし、さらにさかのぼって律令時代の国司たちもその存在に注目し、政府に報告をしたうえ、それ相応の扱いをしたかもしれない。

〝隼人の地〟の文化水準

〝ニニギノ尊の山陵〟は、東シナ海にそそぐ川内川の河口から約一二キロ遡った鹿児島県川内市宮内町にある新田神社の鎮座する神亀山の上にある。山頂からは、すぐ南方に川内川をのぞむことができる。この地は、薩摩の古代政治の要地で、薩摩国の国分寺は神亀山の東方一キロあまりのところにある。私は数回、現地を訪れたことがあるが、小規模な古墳としてはおかしくないけれども、いずれにしても西都原や唐仁にあるような前方後円墳の存在は想定できない。

　ところが、一九八七年に川内市歴史資料館が市内の古墳の測量調査の一環として、神亀山の先端にある端陵(はしのみささぎ)神社とその周辺の地形測量をおこなった。端陵神社は新田神社の末社の一つで、コノハナサクヤ姫を祭神にしている。測量の結果、〝端陵〟は墳丘の長さ五四メートルの前方後円墳で、近畿地方でいう〝自然地形を利用した古式の前方後円墳〟とよばれるものであることがわかった。

　端陵古墳は、神社の鎮座する土地であり、発掘調査は慎まねばならないけれども、測量調査の結果では、古墳時代前期、つまり四世紀代の古墳である可能性がつよい。この時期の前方後円墳は、すでにしばしば述べたように、この古墳の存在が確認されるまでは薩摩半島地域では存在することすら予想されなかったものであり、そのような固定観念で神話をひもとくときにも臨んでいたのであった。それにしても、偶然ではあろうけれども、コノハナサクヤ姫の墓を〝ハシノ陵〟といっているのは、ヤマトトトヒモモソ媛(ヒメ)の墓を〝ハシ墓〟とか〝ハシ陵(のみささぎ)〟とよんでいることを想起するものがある。もちろん文字は違うし、神亀山の場合は山の先端の意味であろうが、どちらも女性の墓としての伝統をもっていることに注目しているのである。

　川内市の北方約二〇キロに、東シナ海に面して阿久根(あくね)市がある。阿久根市の教育委員会が一九九〇年に区画整理事業にさいして調査をしていると、いくつかの古墳がみつかり、鳥越(とりごえ)

鳥越古墳の竪穴式石室（清十郎 /PIXTA）

古墳群とよばれることになった。すでに墳丘は失われていたけれども、一号古墳からは、近畿地方の四世紀代の大規模な古墳に採用されているような、四・四メートルもある長大な竪穴式石室があらわれた。長大な竪穴式石室というのは本来、細長い割竹形木棺を厳重に包蔵するための施設で、近畿の大王（のちの天皇）家の葬制を代表するものと考えられているものである。残念ながら、直接年代を示す遺物類は残っていなかったけれども、近畿での年代観をそのまま適応すると、四世紀中ごろの石室と考えられる。

　川内市の麦之浦貝塚は、縄文時代後期にはじまる大遺跡であるが、古墳時代の住居址から後漢時代の銅鏡（方格規矩鏡）の破片が出土している。また外川江遺跡でも、北部九州の弥生時代に作られた小型の銅鏡が出土するなど、銅鏡分布圏の周縁の一拠点であったことを示している。とくにこのような方格規矩鏡は、北部九州の弥生の墓に多く、やや時代が遅れて奈良県などにもあらわれる鏡式で、その一部が川内に流入していたのである。

このように、巨大古墳の存在はないにしても、日向神話の主要な舞台であった薩摩半島の地域に、従来の定説を破って、前期古墳、しかも近畿と共通する特色をもった古墳の存在があらわれだしたことは、〝隼人の地〟にたいする知識の変更をうながす新しい発見であった。もちろん、薩摩半島の地域に前期古墳がみつかったとしても、それをただちに〝神代三陵〟と何らかの関連があったものとするわけにはいかない。もしそうだとすると、次章から述べる〝神武東遷〟は、あくまでも物語の展開上の年代であるけれども、古墳時代前期以後におかざるをえなくなる。だから現段階では、神話の主要な舞台であった薩摩にも、従来考えていた以上の古墳文化があったという前提で、さらに時間をかけて日向神話全体の検討にのぞむ必要があるのである。

阿久根市の北西には、黒之瀬戸(くろのせと)を隔てて長島(ながしま)が横たわっている。たいへん古墳の多いところで、海岸には積石塚が密集している。その一つ、小浜崎(こはまざき)一号墳でも五世紀の竪穴式石室の存在が知られ、近畿勢力との関係が想定されてきた。長島は、律令体制下では薩摩国出水(いずみ)郡に属し、出水はもちろん泉のことである。私が注目しているのは、『記・紀』には応神(おうじん)天皇の妃の一人として、〝日向泉長媛〟がいることだ。日向の泉（出水）の長島出身の女の意味であろうとみている。このように考えると、薩摩の土地は神話の舞台で天皇家の遠い先祖とつながりがあるだけでなく、その後の時代にも皇室との婚姻関係があったと『記・紀』では伝えているのである。私には〝隼人の地〟というのが、古代において決して文化や生活水準の劣る土地には思えない。

隼人が継承した「倭人伝」の文化

一九四五年は戦争の終わった年である。この年から翌年にかけて、戦争中に破壊された古墳の後片付けに、誰に頼まれたわけでもないけれども、走りまわる日々が続いた。大阪府和泉市にある黄金塚古墳にも、いくつも陸軍の塹壕が掘られていて、その一つの穴にうっすらと漆の膜が見えていた。幸運にも古墳時代の楯の下の部分がほんのわずか損傷を受けていただけで、長さ一五七センチの楯の全形を掘りだすことができた。頭の部分の五つの鋸歯文をはじめ、周囲に鋸歯文を配しており、驚いたことには中央より上の部分に四つのカギ形の先端をもつ渦巻き文を造形した青銅製の巴形銅器が三個装着されていた。当時は、巴形銅器の意味はよくわからなかったけれども、その後の研究で南島産のスイジ貝を青銅で作ったものであることがわかった。弥生時代の北部九州では、スイジ貝の突起の呪力に着目し、その突起を造形的に強調するため青銅で作ったのである。佐賀県の吉野ケ里遺跡で、弥生時代の巴形銅器の鋳型が出土したことは、たいへんよく知られている。

黄金塚古墳では、この楯と一緒に鉄製の矛（槍）や鏃（やじり）が出土した。おそらく弓も存在していたと思われる。この発掘からしばらく、私は黄金塚古墳を近畿地方の代表的な前期様相の古墳と考えていた。だが、最近その考えを一部修正するようになった（「弥生から古墳前期の戦いと武器」『日本の古代6　王権をめぐる戦い』中公文庫、一九九七年）。というのは、一九六三年に平城宮の南西隅において井戸が発掘され、その井戸枠に〝隼人の楯〟が転用されており、古墳出土の楯と〝隼人の楯〟との共通性があらわれたからである。平城宮の楯が〝隼人の楯〟とよばれた理由は、『延喜式』の隼人司の記述である。それによると、この役所には「楯百八十枚、木槍百八十竿、胡床百八十脚」などをそなえており、その楯について の記事を紹介すると、「長さ五尺、広さ一尺八寸、厚さ一寸、頭には馬髪を編みつけ、赤白土墨でもって鈎形を画」いていた。

黄金塚古墳の楯の年代は五世紀初頭で、平城宮の楯とは約三百年の隔たりがあるけれども、大きさがほぼ一致しているだけでなく、両者に鋸歯文があり、さらに鈎形とよんでいい図形も共通している。平城宮の楯を〝隼人の楯〟とよぶことができるのであれば、和泉黄金塚古墳の楯を〝隼人の楯〟とよんでもいっこうにおかしくはない。このことは、中央部分のカギ形突起の問題は別にするならば、前期や中期古墳出土の楯の大部分にもいえることなのである。つまり、〝隼人の楯〟とは、隼人集団だけがもっていた楯ではなく、古墳時代には広く倭人全体の武具であったとみられるのであり、逆にいえば古墳時代が終わったのち、異国からの賓客を迎えるにさいしての儀式に、近畿に居住していた隼人に政府お仕着せの武器をもたせたにすぎないと考えられる。

第1章でも述べたが、「倭人伝」によると、倭人の代表的な武器は矛・楯・木弓、鉄鏃や骨鏃をつけた竹箭であった。ここで注意しなくてはいけないのは、槍という字は現代人にはヤリと読みたいところだけれども、古代ではヤリの読みがなく、これもホコであった。たとえば、新羅から渡来した皇子として名高い天日矛は、天日槍とも書かれ、いずれも発音はアメノヒボコであった。だから、先に述べた隼人司に備え付けられていた木槍はキホコであり、木矛と同じと推定される。

このように「倭人伝」、和泉黄金塚の武器と武具、平城宮の楯、『延喜式』隼人司の記事を総合すると、右手に長い矛をもち、左手に大きな楯を支え、背に弓矢を背負ったという形が典型的な倭人の武装の姿で、それは古墳時代にも馬具が出現するまでは受けつがれ、馬具出現以後は、今日、国によっては宮廷の儀杖兵が古式の武装を伝えるように、とくに異国の人びとを迎える儀式には伝統的に再現されたのではないかと考えられる。その意味では平安時代の隼人（この場合は都の周辺に居住していた隼人）は、今日流にいえば、「倭人伝」の無形文化財保持者に似た役割があったとみてもよかろう。

第4部　神武東征

第10章　船団による移動

九州より大和へ

『古事記』や『日本書紀』の全体の構成のなかで、南九州にいた天皇家の先祖たちと、いわゆる大和（やまと）朝廷時代の天皇家の先祖たちとをつなぐ事件として重要なのが、「神武（じんむ）東征」とか「神武東遷」とよばれている大移動の物語である。

この大移動の物語では、宮崎、大分、福岡、広島、岡山、大阪、和歌山、三重などの府県の地名がつぎつぎにあらわれ、最後に大和を平定し、建国したストーリーになっている。この建国の年を西暦で換算すると、紀元前六六〇年になる。以下、イワレ彦（ヒコ）（伊波礼毘古、神武天皇）の東征の物語として表記するけれども、この南九州から近畿への東征の物語がなけ

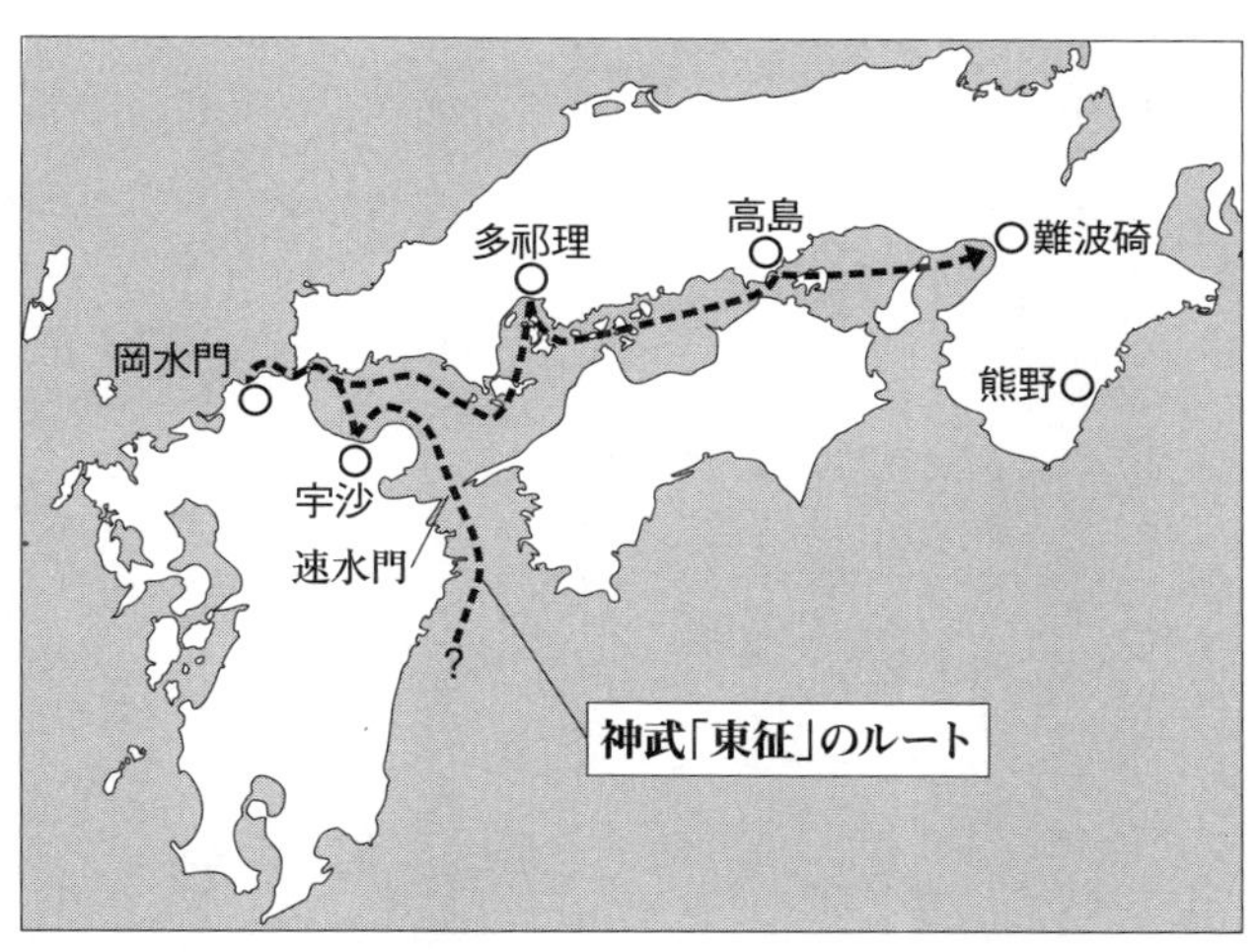

イワレ彦の船団の寄港地

れば、『記・紀』の構成上では、大和での朝廷は生まれ得ないのである。

太平洋戦争後の考古学では「神武東征」についてほんのわずかでもふれる研究者があると、「科学的でない」として非難の雨が集中した。そのため、しだいに事件としての「神武東征」だけではなく、考古学的な資料の整理の結果として導きだされた「九州の勢力あるいは文化の、大和など近畿への東伝あるいは東進」についてふれようとすることにも、ためらいがみられるようになった。〝戦争中の言論への弾圧とはもちろん違うとはいえ、これは、政府や軍部ではない力による、言論への圧力ではなかろうか〟としばしば考えさせられた。しかし、そういうためらいを捨てて、虚心に神話・伝説と考古学の接点を探るべき時期であろう。

イワレ彦の物語について、まず私が重要と思う項目は次の点である。

⑴後世の、逃散とよばれるような、経済的な困難に耐えかねた村人たちの移住ではなく、相当の政治的なまとまりや軍事力をもった集団が、よりよい生活空間を求めて大移動した。

⑵大移動した集団（イワレ彦勢力）が、本来の故郷の南九州と、新しい移住先との両方を支配しようとしたとは、『記・紀』の物語ではうかがえない。

⑶天皇の遠い先祖の物語が主として展開するのは、南九州でも鹿児島県、とくに薩摩半島南部であった。だが、イワレ彦勢力が「東に美き地がある。（そこは）青山が四周する」として船団を率いて出発したのは、その後の寄港地からみて、東シナ海に面した薩摩半島ではなく、太平洋に面した日向国とみられる。

⑷イワレ彦の集団は、最後の熊野から大和への道筋を別にすると、船によって移動している。日本の古代史上の重要仮説として、江上波夫氏による騎馬民族征服王朝説がある。この説は、考古学の資料整理からも十分検討しなければならないが、イワレ彦の東征物語には、騎馬民族的な行動による移動は、まったくうかがうことができない。

⑸船団を組んでの移動にさいしては、古代の海上航海は原則として「日の出から日没まで」であるため、多くの寄港地があったものと推測される。『記・紀』を総合すると、重要

な寄港地として豊のウサ（宇佐）、筑紫のオカ（岡・遠賀）、安芸のエ（埃）またはタケリ（多祁理）、吉備のタカシマ（高島）などがあらわれ、長い場合は寄港地に八年間も滞在したことになっている。

(6)『紀』によると、日向を発ってウサに至る途中、速吸之門（豊予海峡）において、海導者（水先案内）ウズ彦（珍彦・椎根津彦）に遭遇している。

(7)ウサを発ったあと、関門海峡を越えてオカ（岡水門・岡田宮）に寄港している。

江南の「一柱騰宮」

以上の点のうちのいくつかについて、さらに述べてみたい。

イワレ彦は、南九州の地を捨てて東征の途についた。これに関連しては、前章に述べたいわゆる〝神代三陵〟のことが思い出される。大和朝廷あるいは律令政府が、南九州にあるはずの神代三陵を、管理したり直接に祀っていた形跡はない。ただし古墳の造営のうえでは、近畿地方の古墳文化と関連しそうな古墳が、宮崎県や鹿児島県にある。それが『記・紀』の物語には漏れている、本来の故郷の支配に関連した人たちの墓なのか、あるいは物語とはまったく別個の形での、大和の文化の影響を示すものなのかは、イワレ彦の物語そのものの検討に左右されることになるだろう。

では、東征ルートの出発点については、どう考えられるだろうか。

これは私の想像にすぎないけれども、もし薩摩半島から出発したと想定する場合、弥生時代のさまざまな文物（大型の甕棺、ゴホウラやイモガイなどの製品など）の動きからみると、『記・紀』にあるようなルートではなく、次のルートを使うのが自然である。東シナ海を西に見て、西九州の沿岸沿いに北部九州に至り、マツラ（末盧）国、イト（伊都）国、ナ（奴）国など「倭人伝」の国々の海岸を東に進み、遠賀川の河口（そこが遠賀、つまり岡の水門である）を通って瀬戸内海に入る。実際、四世紀末から五世紀ころに、有明海南部の熊本県宇土半島で切りだされた石材（凝灰岩）が、このルートで大阪府や京都府にはこばれ、古墳の石棺に用いられている。

このような考古学的に考えやすいルートではなく、東征では、日向を出発して太平洋側を通ったことになっている。

次に、イワレ彦勢力は船団を組んで東に向かったと記されており、いわゆる騎馬民族を彷彿とさせるような記述は『記・紀』には見当たらない。が、これは決して江上説を否定するものではない。イワレ彦の東征物語が何らかの史実を反映しているとした場合、それを、北方系の騎馬文化が古墳時代の社会に影響を与えだす五世紀よりも古い時代のできごとである、とみることもできるだろう。

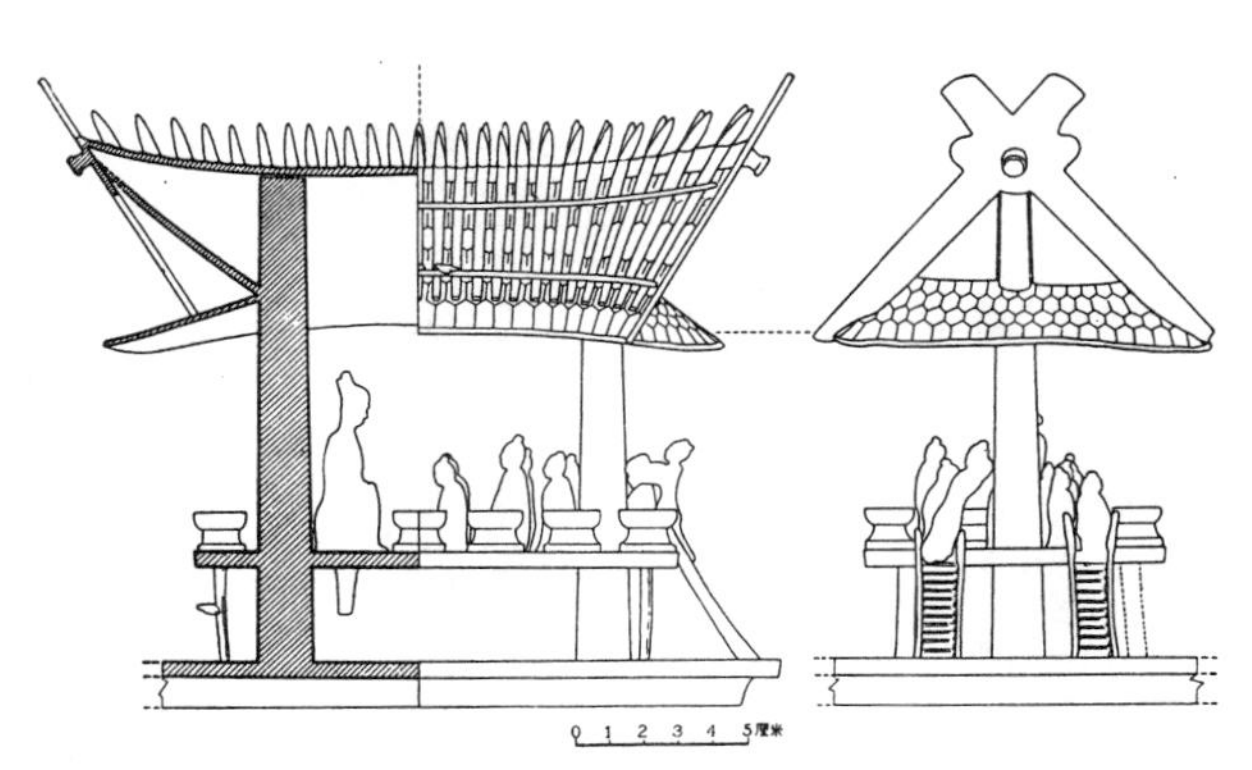

中国・雲南省石寨山古墓群から出土した二本柱の建物模型（『考古学報』62-2、安志敏論文）

これに関連することとして、即位のときのイワレ彦について「始馭天下之天皇」とする表記が『紀』にある。それをよく、崇神天皇の「御肇国天皇」に対比したり、あるいはそれと同じ読み方をつける場合があるが、漢字の意味は、馬を馭するように〝初めて天下を馭した天皇〟というのにすぎない。読みはともかくとして、この部分に騎馬民族的な発想の用語がからんでいる、とみることもできる。

漢字の使い方についていえば、次のような例もある。古墳時代の銅鏡の銘文の一節に「四夷服多賀国家人民息」の句がよく使われている。その意味は「周辺のマツロワヌ者どもが服すれば、国家に多くのよいことがあり、人民も安穏な暮らしができる」である。ところが、滋賀県志賀町の和邇大塚山古墳出土の銅鏡だけは、「人民」が「人馬」に変えられており、これは漢民族の発想ではないと考えたことがある（「日本の文字文化を銅鏡にさぐる」『日本の古代・別巻　日本人とは何か』中公文庫、一九九七年）。意識的に文字を変えて鏡を作ったのであれば、騎馬民族的な発想とみてよかろう。

イワレ彦勢力の寄港地として『記・紀』にあがっている地名は、それぞれの地域の重要な港であったと推定される。このなかで、ウサに注目したい。ウサの場合は、長期滞在の記述がない。土地の豪族であるウサツ彦（宇沙都比古）とウサツ姫（宇沙都比売）が足一騰宮（『記』。『紀』は「一柱騰宮」と表記する）を建て、そこでイワレ彦を饗応したという。

一柱騰宮は、現在の『記・紀』の注釈では「建物の構造不明」とされている。だがこれについては、倭人文化とさまざまな点での共通性がいわれている、中国・雲南省の滇池のほとりにある石寨山古墓群から出土した青銅製の建物模型が注目される。人間の胴の太さほどある二本の柱で屋根の棟木を支える、高床の建物の模型で、梯子で登る高い床の上に壁はなく、内部で銅鼓をたたく人びとがまる見えである。

石寨山古墓群は、日本の弥生時代の前半期に並行した滇王国の王や支配者層の人びとを葬っている。滇王国のある雲南と九州島との中間が、古代の倭人文化と深いつながりをもつ江南であり、浙江省を中心とするこの地域の特色の一つは、銅鏡を多く製作し墓に副葬することである。浙江省文物研究所の王士倫氏のあらわした『浙江出土銅鏡』（一九八七年）には、日本の家屋文鏡（奈良県河合町・佐味田宝塚古墳出土）の祖型とも考えられる「屋舎人物画像鏡」が紹介されている。同省上虞県出土の、直径二一センチほどの大型鏡である。

この鏡には三つの建物と人物が描かれていて、建物の一つには「重檐屋舎　中立一柱　両側各有一人　相対而坐」の説明がある。つまり、屋根の重なる建物で、なかに一柱が立っていて、その両側にいる人が相対して座っているのである。王氏はこの著書のなかで、これらの銅鏡を会稽銅鏡ともよんでいるが、会稽は江南の中心地域で、倭人ととくに関係のつよい土地である。

壁をもたない一柱ないし二柱の建物が中国の稲作地帯にあったことは、事実とみてよかろう。こうしてみると、なお問題は残るにしても、一柱の建物が『記・紀』の撰者たちの創作〞であるとはとても考えられない。何らかの伝承があったのであろう。

一柱または二柱の建物の特色は、壁がないことである。それは、どこからでも内部をうかがうことのできる点に特徴がある。遠隔地からの客人が来た場合など、それが本当であることを民衆に示すために、あけっぱなしの構造の建物で饗応することが、好まれたのかもしれない。もちろんどこからでも内部をうかがえる構造は、内部から遠くまで見わたせる構造であり、王氏はその後の論文でこのような建物を「観」だとみており、道教との関係を重視し、「屋舎人物画像鏡」という名称を「西王母楼閣画像鏡」に改めたいと述べている（王士倫

「後漢『屋舎人物画像鏡』の図像に関する研究」『古代学研究』一二九号、一九九三年）。

豊後国の海導者

『紀』によれば、日向の出発にさいしては、もろもろの舟師がいたことがわかる。これは今日流にいえば、それぞれの船の船長にあたるであろう。だが、現在でも海流などのきびしい場所では、土地の水先案内の力を必要とするように、イワレ彦の船団は豊予海峡で海導者としてのウズ彦を採用している。

ウズ彦については、『記』ではその名をサオネツ彦（槁根津日子）としている。イワレ彦勢力は、亀の甲に乗って、釣りをしながら羽ばたいてくる人と速吸之門で会った。「汝は海道を知るや」と問うと「よく知れり」と答えたので、部下に加えたのがウズ彦である。

『記』では、速吸之門を吉備より後においているため、イワレ彦とウズ彦との出会いの場所、言い換えればウズ彦的な海導者集団のいた場所を、豊後ではなく明石海峡に想定する人もいる。だが私はこのような想定をとる必要はないと考えている。この伝承に対応できる土地は、豊後国海部郡をおいてほかにないからであり、その理由については以下に述べる。

ウズ彦は『記』では倭国造の祖、『紀』では倭直らの始祖とされている。そして、ウズ彦の子孫と伝える倭国造（もしくは倭直部）も本来、海上交通の技術集団であったことを伝える記事がある。『紀』では仁徳天皇六十二年のできごととして、遠江の国守が大井川に周囲三〇尺（約九メートル）の巨木が流れ着いたことを報告してきたとき、倭直のアゴコ（吾子籠）なる者を派遣して船を造らせ、珍しいことだが、太平洋沿岸沿いに難波津まで回漕させた、とある。この話は、神話の時代の家の特技が、海のある場所を離れ、大和に移って久しくたったのちにおいても発揮されたものと読むことができる。倭国造の先祖の出自についての『記・紀』の記述は、たんなる作り話とは思えない。

ところで、豊予海峡には佐賀関半島が突き出ており、その先端に早吸日女神社がある。海峡のはげしい潮流を神格化した神と推定されている。この半島から南へ宮崎県境に至るまでが、広大な海部郡の地域であった。『豊後国風土記』ではきわめて貧しい特記すべき事柄のない土地として、「この郡の百姓はみな海辺の白水郎なり」と述べ、そのほかはわずかに地名説話を載せているにすぎない。

だが、この状態は律令時代のことであって、古墳時代、とくに五世紀を中心としたころには、北部九州全体でも傑出した規模の前方後円墳がつぎつぎに造営された。亀塚（大分市、一一四メートル）、築山古墳（佐賀関町、九〇メートル）、臼塚古墳（臼杵市、八七メートル）、下山古墳（臼杵市、五七メートル）などで、このうち亀塚は、北部九州において磐井の墓と推定される八女市の岩戸山古墳につぐ大きさである。これらの古墳の造営は四世紀に始まり、五世紀でほぼ終わりをつげている。六世紀になると、王ノ瀬古墳（大分市、墳形不明）に家形石棺を残したのを最後に、あとは漁具を副葬する、墳丘をもたない横穴群を掘削するにすぎない（大分市、飛山横穴群）。考古学的にいえば「ある短期間、異常なほど繁栄した土地もしくは有力な豪族が古墳を造営した土地」であり、それにはそれなりの特別の理由があったと推定される。

先ほど列挙した、イワレ彦の船団が寄港した重要な土地のなかには、豊後はあらわれていない。あくまで豊予海峡で海導者としてのウズ彦に遭遇したとあるにすぎない。たしかに佐賀関半島には、五世紀を中心にして目をみはるような勢いでの古墳の造営がおこなわれている。だが、古代に重要性を発揮したと推定される港を、この地域に指摘することはできないのである。もしそのような港があれば、ある一時期の古墳だけではなく、その前後の時代においても、地域を代表するようなさまざまな遺跡が、港の周辺に残されているであろう。

このように考えると、豊後国海部郡の一時的な繁栄は、海の道について熟知した海導者集団が、重視され、繁栄したことを裏づけているのではなかろうか。そしてウズ彦に象徴される海導者は、たんに豊予海峡の海の地理を知っていただけではなく、大阪湾に至る瀬戸内海全体についての海上の知識をもち、さらに途中の港を支配する集団とも関係をもっていた者ではなかろうか。

東アジア各地に「羽人」の像

さて、先にも紹介したが、『記』によると、イワレ彦がサオネツ彦（ウズ彦）をみつけたとき、ウズ彦は「亀の甲に乗りて、釣りしつつ打ち羽ぶき来」たという。「羽ぶき」とは、羽をばたばたさせることであろうが、この「羽ぶき」は、最近の考古学の知見に対応して見逃すことができないところである。

鳥取県淀江町は、古代には大きな潟があって、それを囲むようにして石馬をたてた前方後円墳（石馬谷古墳）や、壁画を描いた寺院（上淀廃寺）などが集中する日本海地域きっての繁栄した土地であった。この土地の繁栄は、潟を利用した港（潟港）の存在によったのであろう。港の位置は時代によって変わるので細かくはわからないが、第7章にも述べたように、上津守神社の位置によってほぼ推定することができる。

この上津守神社のすぐ近くに弥生時代の角田遺跡があって、そこから出土した、港の風景を横一列に展開した絵画のある弥生土器は、きわめて有名である。

この絵は、土器が生乾きの間にヘラ先で描いたもので、海岸にある高い望楼（高臺）の梯子に向かって、四人の漕ぎ手が前へ前へと櫂で波をかいている。その人物の頭には逆U字形の長い羽状の飾りがついている（一三一ページ）。大阪府立弥生文化博物館の金関恕館長は、これらの人物を鳥装の人、つまり「鳥人」とみて、東アジア各地に類似の信仰があったことを追求している（「船を漕ぐ鳥人」『日本文化の源郷をさぐる』所収　東アジア文化交流史研究会、一九九二年）。あるいは当時、日本ではすでに「鳥人」の意識はなくなって、長い羽状の飾りをつける風習だけが残っていたのかもしれない。

「鳥人」は「羽人」ともよばれ、これが描かれている例は、角田遺跡のほかにもいくつか知られている。破片になっていて全形はわからないけれども、奈良県橿原市の坪井遺跡（弥生時代）で出土した土器には、大きな袖のように羽をあらわしたものが描かれている。また、鳥取県羽合町の馬ノ山古墳の埴輪に描かれていた人物にも、短い二本の羽状の表現が頭の上にある。

数人か十数人の「羽人」が船を漕ぐ図柄は、中国南西部やベトナム北部の銅鼓にいくつもの例がみられる。年代的にはほぼ弥生時代と同じである。先ほど述べた中国・雲南省の石寨山古墓群からも、名高い例が出土している。

これら大陸の出土例と角田遺跡の例を関係づけるには、角田遺跡はあまりに東にはずれすぎていると、これまではいわれてきた。ところが最近になって、広州市で南越王墓が発掘されると、そこから銅製の酒の容器で、その腹部に四艘の船が描かれ、それぞれに六人の「羽人」が乗っているのが出てきた。ただし、この六人は漕ぎ手というよりも、戦士といったほうがいい姿をしている。

さらに九州島と東シナ海を隔てて向かい合う中国・浙江省の鄞県で出土した銅製の鉞（首切り用の斧）にも、頭に長い羽状の飾りをつけた四人の人が漕ぐ船の絵がついていた。この鉞は江南の地で作られたのか、あるいは雲南省を含む中国の西南地方からもたらされたのかまだわからないが、いずれにしても日本列島に近い土地にも類似の図柄が存在していたことは、明らかである。

このように「羽人」もしくは羽状の飾りを頭につける風習の類例が、江南の土地にもみつかっている。先ほどの一柱の建物といい、物語のうえではあるけれども、イワレ彦が豊予海峡およびその近くで遭遇した風俗は、江南とのかかわり、言い換えれば越人文化との関連をはっきりと示している。越人とは、中国の東、南シナ海沿岸部に広く分布していた民族である。船に乗って交易をしたり移動するのを得意とし、一部は河川を遡って、奥地にも分住している。

あくまで物語の展開のうえのことだが、イワレ彦またはその集団が、羽人の扮装をしたウズ彦に遭遇したとき、初めて見た異装だったのか、それとも熟知していたのかの違いに興味がもたれる。文脈から感じるのは、初めて見た異装として物語が展開しており、そうだとすると少なくとも『記』の編述者たちが、イワレ彦集団と越人との親近性を否定したい立場であったことが察せられる。

イワレ彦船団西進の謎

日向を発ち、豊予海峡から瀬戸内海に入ったイワレ彦の船団は、直接、大和をめざすのであれば瀬戸内海を東進するはずである。ところが、どうしたことであろうか、船団は西に向かい、関門海峡を通って響灘に出、遠賀川の河口にあった岡（遠賀）に寄っている。『記・紀』いずれもそのように記している。

遠賀川は全長七三キロ、明治三十年（一八九七）ころには七千艘の川船が活躍していたという、古老の伝えもある。もちろんこの時代の膨大な川船は、石炭の運搬のために必要とされたものだが、古代においても水運が活発であったことは十分、推定される。河口の左岸が、中世に芦屋釜を生産したのでよく知られた芦屋町芦屋である。芦屋の船頭町に岡湊神社が鎮座していて、古代の岡津（水門）も、この付近と推定される。

河口の右岸が芦屋町山鹿で、今日も漁港がある。ここには縄文時代の貝塚である夏井ヶ浜遺跡や山鹿遺跡がある。このうち山鹿遺跡から出土した女性の人骨は、新潟県の姫川系の硬玉ヒスイの大珠をつけていたことで名高い。このように遠賀川河口の左岸と右岸とでは、目と鼻のさきの土地とはいえ、生業の違いがある。岡湊神社のある芦屋が水運の拠点であったことは、おそらく古代にまでさかのぼることであろう。物語のうえとはいえ、イワレ彦の船団がこの土地に立ち寄った一つの理由は、岡水門が水運のさかんな土地として知られていたことにあったであろう。

『筑前国風土記』（逸文）ではオカ（塢舸）水門（みなと）について、大江の口を水門としていて「大船を容（い）れるに堪える」としている。大江とは潟状地形のことで、大船の収容できる水門とは、これも物語の展開のうえでのことだが、イワレ彦の船団の寄港地としての条件がととのっている。

考古学では、よく北九州とか北部九州の地域名を使い、弥生時代の近畿地方と比較する単位にしている。そして北部九州の弥生時代の特色として、次の二つがあげられている。(1)成人の死者を大型の甕棺、しかも二つの口を合わせた合口（あわせぐち）甕棺に葬ることが大流行する。(2)青銅製の武器類および中国製の銅鏡が愛用された。

たしかに近畿地方と比べるとこの二点は、文化の優劣は別にして、北部九州のきわだった特色であったことは間違いない。とはいえ、北部九州の地域を細かく見れば、これら二つの特色がつよくあらわれているのは、有明海沿岸と玄界灘（げんかいなだ）沿岸の西部地域であって、玄界灘沿岸の東部地域にはこれらの特色は出ていない（東部と西部は、福岡市のほぼ中央で分かれる）。ただし、遠賀川上流の飯塚（いいづか）市付近には、山越えをして影響を受けたとみられる大型甕棺の流行がある。

遠賀川の河口は、この玄界灘沿岸の東部地域に属しており、弥生時代においては、いわゆる北部九州のなかの異質な文化圏であった。のちに宗像(むなかた)神社を奉祭する地域として登場し、早くから近畿の勢力または出雲(いずも)の勢力と親しい関係にあった可能性のうかがわれる地域である。そのような場所にイワレ彦の船団は、わざわざ関門海峡を越えて寄り道をした形で訪れたと『記・紀』は記しているのである。

第11章　高地性遺跡と戦乱の時代

高地に残る弥生遺跡

一九九二年八月四日、作家の松本清張（まつもとせいちょう）氏が亡くなった。私が松本清張という名をつよく印象づけられたのは、一九五四年（昭和二十九）のことである。当時、高等学校に勤務していて、月給が安く、ときどきの研究旅行や専門書の購入で精いっぱいで一般書を求めることは容易でなかったが、どうしたわけか『別冊文藝春秋』を入手した。これに松本氏の、考古学者の森本六爾（もりもとろくじ）を主人公にした「風雪断碑」（のちに『断碑』と改題された）という、それほど長くない小説が載っていた。主人公が自分の専門分野での先輩だから、さっそく読み、感動したのをおぼえている。

森本六爾は旧制中学を出ただけの学歴で、奈良県の小学校の代用教員をしながら、近畿地方の弥生遺跡の基礎研究をおこない、鋭い着想の論文をつぎつぎに発表し、若くして逝った鬼才である。松本氏は、ご自分の経歴から森本六爾の生きざまに共鳴するところが多く、この作品を創られたのであろう。松本氏の急逝にさいして、多くの人びとが印象に残る作品として『断碑』をあげていたけれども、単行本としてその名を知ってから読むのと、いきなり雑誌で遭遇したのとでは、印象の鮮烈さが異なる。

考古学の研究史的にいえば、弥生土器を発見したのが有坂鉊蔵であり、弥生文化、とくに初期の稲作文化（最近まで原始農耕の言葉がよく使われた）との関連で、弥生文化研究の基礎を築いたのが森本六爾である。ちなみに、弥生遺跡の大規模な発掘を初めておこなったのは一九三七年（昭和十二）、奈良県唐古・鍵遺跡における末永雅雄氏の業績である。さらに、太平洋戦争末期のプロペラ工場建設にさいして発見され、緊急の発掘がおこなわれ、敗戦の直後、本格的に発掘された静岡市登呂遺跡によって、弥生時代の低地にある集落構造の全容が明らかになった。

このような弥生文化研究の蓄積をふまえ、一九五〇年前後に一般的にもたれていた弥生文化についての知識を、次のようにまとめてよかろう。

(1)水田を営む農耕を生産の基礎としていたので、集落は低地もしくは低湿地にある。登呂

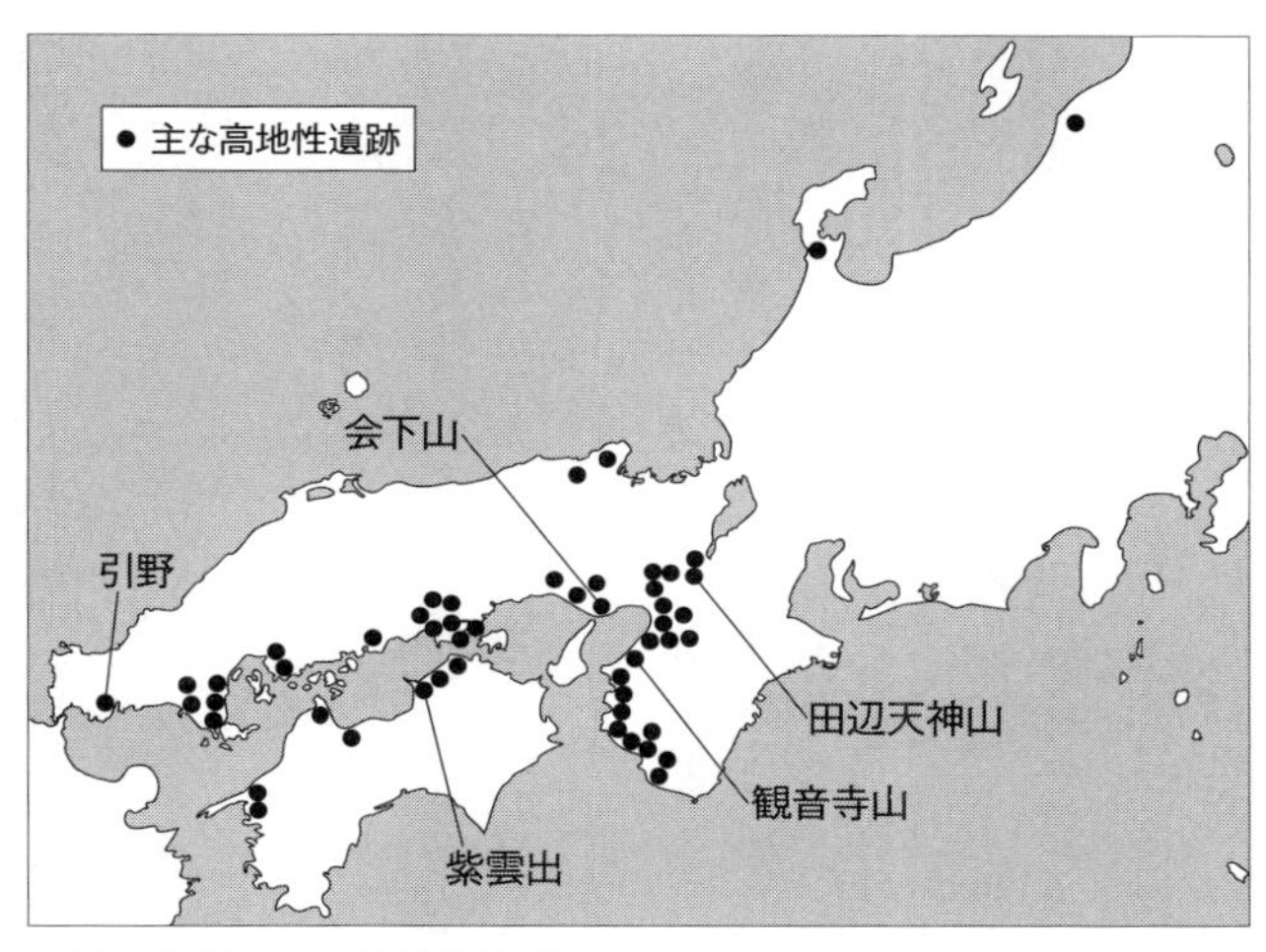

各地で発掘された高地性遺跡

遺跡の場合、集落は安倍川の氾濫によって土砂で埋没し、放棄されている。

(2)前期と中期には石器が多いけれども、後期には実用利器としての石器がほとんどなくなり、鉄器に代わっている。このような実用品とは別に、学者によって開始の時期についてはなお意見の相違があるとはいえ、銅鐸をはじめとする各種の青銅器が用いられている。

(3)文章化されたことは少ないけれども、博物館の展示では、そのころの稲作を営むのどかな農村風景のパノラマ模型がよく見られたように、弥生時代は「平和な時代」というイメージがもたれがちであった。

代表的な弥生遺跡といえば、登呂遺跡や唐古・鍵遺跡のほか、兵庫県尼崎市の田能遺跡、岡山市の上東遺跡、愛知県清洲町の朝日遺跡、福岡市の板付遺跡、山口県豊北町の土井ヶ浜遺跡、さらに佐賀県の吉野ケ里遺跡、集落ではないけれども島根県斐川町の荒神谷遺跡などは落とせない。

これらの弥生時代を代表する集落遺跡を立地条件でみると、現在の水田が広がる土地よりわずかに高いか、あるいは同じ高さにあって、水田へ水をひく便はあるけれども、大雨の被害をきわめて受けやすい。唐古・鍵遺跡のある田原本町では、十数年前に集中豪雨があったとき、民家の軒先まで浸水したことがある。このようなときは、低地というより低湿地の言葉がぴったりする、そのような土地である。

農村が低地にあるのは、弥生時代だけの特徴ではない。その後の各時代を通じ、たとえば江戸時代の農村でも、水稲を栽培する限り、基本的には低地に集落が営まれている。まだ広い範囲で確認されているわけではないけれども、江戸時代の例などから推測すると、低地集落は自然の河川や人工の運河（溝）で網の目のように繋がり、交通手段は船が中心だったと推定される。唐古・鍵遺跡では、五人が漕ぐ船を描いた土器片が出土しているし、隣接した清水風遺跡（同一遺跡群になる可能性がある）では、十数人が漕ぐ船を描いた土器片が出土している。いずれも奈良盆地の河川に行き交い、ときには大阪湾にも出た船であろう。

弥生時代の特徴としていまあげたうちで(1)と(2)は、今日でも変更する必要はないだろう。

しかし、⑶に関連して弥生時代の歴史を復原するための重要な事実が、高地性遺跡の問題である。

以下、その種の遺跡を総称するのに、高地性集落とはいわずに「高地性遺跡」とよぼう。なぜならば、集落を構成するほどの数の住居がなく、見張り場だけ、あるいは遠隔地へ狼煙(のろし)などの手段で信号を送るような、わずかの遺構しか残さない、集落とはよびにくい遺跡をも含むからである。

山頂に貝殻の累積あり

さて、私たちが問題にしている神武(じんむ)東征の物語（イワレ彦(ヒコ)の物語）は、南九州から戦士を乗せた船団が海路、大分、福岡、広島、岡山を経て近畿に入り、最後に大和(やまと)の諸地域の支配者を屈服させ、建国をしたというストーリーである。

この物語とまったく関係がないのか、あるいは多少とも関係があるのかは、さらに時間をかけて検討されることであるが、イワレ彦の物語とほぼ同じ舞台で、高地性遺跡がつぎつぎと発見されて、今日に至っているのである。

一九〇一年（明治三十四）のある日、山口県の考古学者・篠原市之助は、瀬戸内海西部の周防灘(すおうなだ)を見下ろす山口県阿知須(あじす)町のカンガラ山の山頂に、貝殻が散布していることを聞いた。

縄文時代や弥生時代の貝塚は、低地か小高い台地にあるのが普通である。そのため篠原は、それがどういう遺跡なのかを確認するため、海抜八二メートルのカンガラ山を踏査した。カンガラ山とは、貝殻山がなまったものであろう。

「山腹を攀じ、渓谷を渉り、行くこと約十四、五町（一・五〜一・六キロ）にして、いわゆるカンガラ山に達せり」。さらにイバラをかきわけて「ついに頂上西方の傾斜点に、貝殻の累積せるものあるを発見」と、当時の雑誌『考古界』に体験を投稿している。

一九〇一年といえば、東京大学のキャンパスで弥生土器（数年前までは弥生式土器というのが普通であった）の存在が初めて学問的に認識されたときから、わずか十七年後である。まだ、学界全体として弥生文化そのものの概要をつかむにはほど遠かった。そのようなときに、カンガラ山遺跡の特異性を注目した篠原の慧眼は、敬服に値する。

篠原は、山頂からは周防灘を眺めることができるとして、見晴らしのよいことを指摘し、貝の種類はサザエ、カキ、ハマグリなど、海の貝であることなどを観察したあとで「山頂の遺跡は従来其類稀なればあえて記載する所以なり」と結んでいる。この遺跡は、現在では引野遺跡とよばれ、瀬戸内海西部の代表的な弥生時代中期（一部は後期に及ぶ）の高地性遺跡として知られている。

篠原の報告から約半世紀を経た一九五〇年代、山口県東部の島田川流域の山々を歩く人がいた。考古学者の小野忠熙氏である。小野氏は山口大学で地理学を担当し、考古学をも取り入れた考古地理学の提言者として知られている。地理学の立場では、各時代の集落がどのような土地にあるかの研究がきわめて重要であり、小野氏もその研究に着手されたのであった。

そのころは、篠原のようなごく一部の先駆的な見聞を別にするならば、〝弥生時代の集落は基本的には低地にある〟と理解されていたのに、島田川流域では、熊毛町の天王遺跡や光市の岡原遺跡などの弥生遺跡が、普通の集落のある低地（平地）を見下ろすような山頂や山腹にある。これは、どうしたことであろうか。小野氏は、これらの遺跡の高さに力点をおいて、「高地性集落」の用語を提唱された。そして、このような高地にまで遺跡があるのは、米以外の穀物あるいは豆類を栽培するための畑作集落であろうとする仮説を提出した。この考えは、その後学界全体の〝高地性集落〟の研究の進展の過程で小野氏自らも修正するようになるが、それにしても篠原、小野氏らの活躍で、山口県は高地性遺跡研究の発祥、発展の地となった。

全国で発掘あい次ぐ

小野氏が山口県で高地性遺跡の研究を精力的に進めつつあったころ、各地でも高地性遺跡の存在が発掘によって明らかになり、注目されるようになってきた。兵庫県芦屋市の会下山遺跡、香川県詫間町の紫雲出山遺跡、岡山県岡山市の貝殻山遺跡などである。

私自身の例をあげても、終戦の直後、生駒山脈の中腹に近い東大阪市山畑の開墾地に竪穴住居の断面があらわれ、応急の調査をしたことがある。弥生中期末の土器片が多かった。さらに一九五四年、大阪府和泉市の観音寺山にある丘陵の一部が開墾されたさい、弥生後期の土器片が出土し、応急の調査に訪れた。〝どうしてこのような高地に弥生遺跡があるのか〟不思議に思ったのをおぼえている。その後一九六八年に、和泉市議会は挙党一致で、弥生遺跡のある観音寺山に住宅団地を誘致することを決議したため、鈴木博司氏と私とが遺跡調査を担当せざるをえない状況になった。結果的には百三棟の竪穴住居址群を掘り出し、さらに丘陵のふもとに二重にめぐる空濠のあることを確認した場所である。

私が同志社大学に赴任したのは、一九六五年のことである。このころ、現在一、二回生のキャンパスとして利用している田辺校地（京都府綴喜郡田辺町）の敷地が取得され、敷地内の遺跡の分布調査を担当することになった。その一環として発掘したのが田辺天神山遺跡である。観音寺山遺跡の規模に比べると小さいけれども、放射状に配置された竪穴住居十数棟からなる高地性集落であった。現在も校地内に遺跡を保存し、いまでも見ることのできる数少ない高地性遺跡として見学者が訪れている。

一九七二年、小野氏を中心として「弥生系高地性集落址」の総合研究が始まった。その方面に関心のある若手研究者が集まり、小野氏の提唱で、まず遺跡の巡検、つまりあちらこちらの遺跡を実際に見ながら、意見を交換する方法がとられた。田辺天神山遺跡にも数十人の研究者を迎え、合宿所に泊まって検討会を開いたのが昨日のことのように思われる。

この総合研究では、山口県の高地性遺跡も巡検した。このとき、小野氏は初期の発掘を思い出し、発掘資金の調達でたいへん苦労したこと、そのとき遺跡所在地の村長さんが発掘隊へ三本のキュウリを差し入れてくれたのが、当時としてはたいへんな援助であったということを話された。今日、考古学の世界でも、金のあるのが当然という雰囲気を感じることがあるが、この小野氏の実例といい、本当の学問は金のないところで育つものである。

戦国時代の山城に似る

数年間にわたる高地性遺跡の総合研究を通じて、各地の研究者が共通の認識を深めていった。それを列挙してみよう。

(1)現在も日本列島のごく一部、および東南アジアなどでおこなわれている焼き畑耕作などの実例からみて、高地性集落は、その遺跡の周辺での畑作だけでは、住民の食料を補うことはとうていできない。

(2)山地にある畑作の集落が、猪や鹿の侵入を防ぐために石垣を設けることはあるけれども、それは耕作地を守るためである。通常の状況では畑作集落が空濠を掘ったり、土塁を築くことはない。

このような意見が強まるなかで、さらに次のこともしだいに確認されていった。

(3)高地性遺跡が、平地にある通常の村からどれだけ高いかは、一律に述べることはできない。阪神間(はんしんかん)のように背後に六甲(ろっこう)山脈がある場合と、南山城(みなみやましろ)や和泉(いずみ)の海岸平野のように背後には丘陵しかない場合とでは、遺跡の高さ（通常の集落または農耕地からの比高）はかなり異なる。

(4)一概に高地性遺跡といっても、海や川を見下ろす高所にある見張り場的な遺跡、あるいは鏡片で太陽光線を反射させたり、人工的な煙（狼煙）によって信号を送る通信の場などでは、住居址が一棟か二棟の場合があり、これら小規模な遺跡は付近の高地性集落に付属する形をとる場合がある。

(5)高地性遺跡は、推定される当時の農耕地とか水陸の交通路からみると、日常性を欠くほど不便なところにある。また、まだ高地に井戸を掘る技術はなかったから、湧き水（泉）をとりこむか、下方の川から水を汲みあげねばならなかった。さらに大風のときには住居が被害に遭いやすかった。このような短所を補うものとして、見晴らしがよく、さらに防御しやすいという長所があった。

(6)これらの遺跡は、しばしば戦国時代の山城と同じ地形にあり、機能からいえば「弥生の山城」といってもさしつかえない。戦国時代に匹敵するような、よほどの戦乱が弥生時代に続いたのであろう。

高地性遺跡は、弥生時代の中期と後期（私は、前一世紀から後三世紀後半に推定しているが、研究者によってはそれぞれ約百年、古くみる人もある）に集中してあらわれ、古墳時代や奈良時代には、ごく一部の例外を除くと存在しない。もし畑作の集落であれば、その後のどの時代にもかなりの数がみられなくてはならない。また私の印象でいえば、弥生時代が終わりに近づくと、あれほど大切であった空濠に貝殻などを捨てて機能を弱め、やがて前方後円墳が各地に造営されるころになると、これらの集落は放棄され、しだいに埋没し、遺跡となった。なかにはその上に、四世紀の前方後円墳が造営されている例もある。

平地からも「戦乱の証拠」

このように高地性遺跡は、弥生時代が平和な時代ではなかったことを物語っている。しかしその後、平地の遺跡からも「戦乱の弥生時代」をうかがわせる発掘が相次ぐことになった。

終戦の直前、学徒勤労動員が夜間勤務になったので、私は昼間は大阪府の遺跡めぐりをすることにした。戦争のさなかというのにのどかなことだが、たいていは自宅から歩いて行った。そのころ、弥生遺跡でもっともよく訪れたのは、堺市の四ツ池遺跡である。

大学を卒業すると、大阪府立の高等学校に勤務した。最初は大きな道路を通っていたけれども、畔道を通って近道をすることを覚えた。すると、畔道に耕作のさいに掘り出した弥生土器の破片が捨てられているのに気づいた。これが今日、大阪府立弥生文化博物館が設けられている池上・曽根遺跡を知るようになった経過である。

この二つの遺跡は、大阪府の代表的な弥生集落であり、いずれも典型的な低地性集落である。とくに池上・曽根遺跡は、周囲に人工の濠をめぐらし、環濠集落の遺跡としても名高い。ただし、環濠の存在がわかりだしたのは、大阪市から大阪府南部まで、水道の幹線パイプを敷設する工事のおこなわれた一九六三年のことである。和泉の海岸平野を北から南へと、幅二メートルほどで直線に掘削してくるのであるから、ちょうど遺跡の中央に入れたトレンチ（試掘溝）の役割を果たした。思いがけないことだったが、遺跡の北東で深い濠の断面が見つかり、その内部に土器や石器、それとこの遺跡では初めてのことだったが、木製品が多数包含されていた。池上・曽根遺跡は環濠集落で、集落の最大幅は約三〇〇メートルと推定された。

そのころ、環濠集落といえば、奈良盆地に現存するものが名高かった。とくに大和郡山市の稗田は、よく原形をとどめている。ほぼ二〇〇メートル四方の集落に環濠がまわるから、

二重の環濠をめぐらせた吉野ケ里遺跡（写真提供：共同通信社）

池上・曽根遺跡とほぼ同じ規模である。今日の奈良盆地では、環濠が埋まり、痕跡をとどめるだけのところが多くなったけれども、明治から大正時代にかけては、盆地内のいわゆる低地集落の多くが環濠集落であった。これら環濠集落は、カイト（垣内）集落ともいわれ、中世に統一国家としての秩序が失われたとき、自衛のためにそれぞれの村落が環濠を設けたとする説が有力である。

池上・曽根遺跡は、一九六九年の第二阪和国道の建設にともなう発掘で、しだいに全容がわかるようになり、弥生時代の環濠集落の代表例として知られるようになった。先ほど述べた弥生時代にたいする一般的なイメージでは、「平和な時代」であるはずの弥生時代の集落に、どうしてまるで戦国時代の大和のように、集落の周囲に濠を掘削する必要があったのであろうか。

一部の研究者たちはこれらの濠について、灌漑・水運・用便などの多目的利用を説いた。実際、最近の大雨では稗田集落が環濠をもっていたために洪水の害を受けず、そのため新興の住宅地と利害の衝突があったことを新聞で読んだことがある。だが、それは事実であっても、おびただしい人力を投入して、環濠を掘り、さらにそれを維持したことの主目的ではなく、副次的な機能とみてよかろう。奈良盆地に現存する中世以来の環濠の役割からみて、環濠を掘削する第一の目的は集落の防御であり、政治的に不安定な時代を乗り切るための必死の行為のあらわれであった。

中国の史書にも記録

高地性遺跡の研究が全国的な規模で進展するころには、中国の歴史書への関心が高まってきた。『後漢書』や『三国志』の倭人（わじん）関係の個所で、西暦二世紀後半に倭国に乱（大乱）があったことを伝えている。

桓霊の間、倭国大いに乱れ、こもごも相攻伐し、年を歴（へ）て主なし（『後漢書』）

其の国、本亦（また）男子を以て王と為し、住（とど）まること七、八十年。倭国乱れ、相攻伐すること歴年……（『三国志』）

「桓霊の間」とは、後漢（ごかん）の桓帝（かんてい）と霊帝（れいてい）の在位期間、紀元一四七年から一八八年までの、約四十年間を指している。このような中国史書の記載は、倭国にあった長期の戦乱状態のある時点での高まりをとらえたものと推定される。

中国史書が伝える倭国の乱によって残されたであろう考古学的な証拠が、遺跡学の大収穫ともいうべき高地性遺跡であるのかどうか。私は少なくとも無関係ではないと考えている。

もちろん、約三百年間にわたって、北部九州から東北南部までの広い範囲で間歇的に残された高地性遺跡のすべてが、中国史書のいう倭国の乱にかかわるものでないことはいうまでもない。むしろ考古学の示す状況こそ、この列島で繰り広げられた弥生の戦乱の実態を示しているであろう。

高地性遺跡は、九州に近い西のものが弥生中期に多く、近畿を含む東のものが弥生後期に多い傾向がある。言い換えれば、近畿では戦乱が弥生時代のほぼ終わりまで激しく続いたとみられるのである。このことがイワレ彦の東征の物語に、ごくわずかな伝承であっても反映したのかどうか。あるいは、戦国時代にも匹敵するほどさかんに山城を残した、長期にわたる戦乱が、そのような物語を生み出す背景や伝承になったのか。これは古代史にとって、どの研究者も避けるべきでない大問題である。

第12章　河内の〝湾岸戦争〟から熊野への迂回

河内平野の古地形

吉備の高島で最後の準備を整え、大和の攻略に向かった神武天皇（以下、イワレ彦という）の軍勢が、最初に大和のナガスネ（長髄）彦の軍勢と戦うのは、生駒山の西のふもとのクサカ（草香）、今日流にいえば河内平野東部の東大阪市日下町である。

現在の地形では、瀬戸内海を東に進んで大阪湾に入ると、大阪港があり、あとは延々と陸地が続いて生駒山のふもとに至っているので、イワレ彦の物語を読むさいに、イワレ彦の軍勢は船を降りて陸路をとり、クサカで大和の軍勢と戦った状況と思いがちである。だが物語のうえでは、そうではない。

『記』では、ナニワ（浪速）の渡を経てさらに船で進み、ナガスネ彦の軍勢と遭遇したとき、「船につんでいた盾を取り出したので、その地を盾津と呼んだ」という。『紀』では地形の描写はもっと細かく、難波の碕に至ると急流に出遭い、浪が速いというので浪速とよぶようになり、難波という別の表現もできたといっている。イワレ彦の軍勢は、この急流を遡って河内のクサカに至り、戦っている。

このように『記・紀』のいずれもが、今日の大阪市北部のあたりから、そのまま船に乗って生駒山麓に至ったと述べている共通点がある。このことは、これから述べる河内平野の地形復元の成果と一致しており、イワレ彦の物語は、少なくとも古地形と矛盾しない形で展開している。

永禄八年（一五六五）、ポルトガルの宣教師ルイス・デ・アルメイダが生駒山のふもとを旅行した。目的はキリシタン大名三箇殿の居城を訪れるためである。アルメイダは、ここに南北約一〇キロ、幅約二・五キロの湖があって、その湖のなかに島があり、そこに三箇殿の城と教会があると述べている。

アルメイダの旅より百年あまり後の元禄二年（一六八九）に、生駒山のふもとを旅行した貝原益軒は、深野池という南北二里（八キロ）、東西半里〜一里（二〜四キロ）の湖状の地形があり、三ケという村には七、八十戸の漁家があり、さまざまな淡水魚をとって大坂に売っ

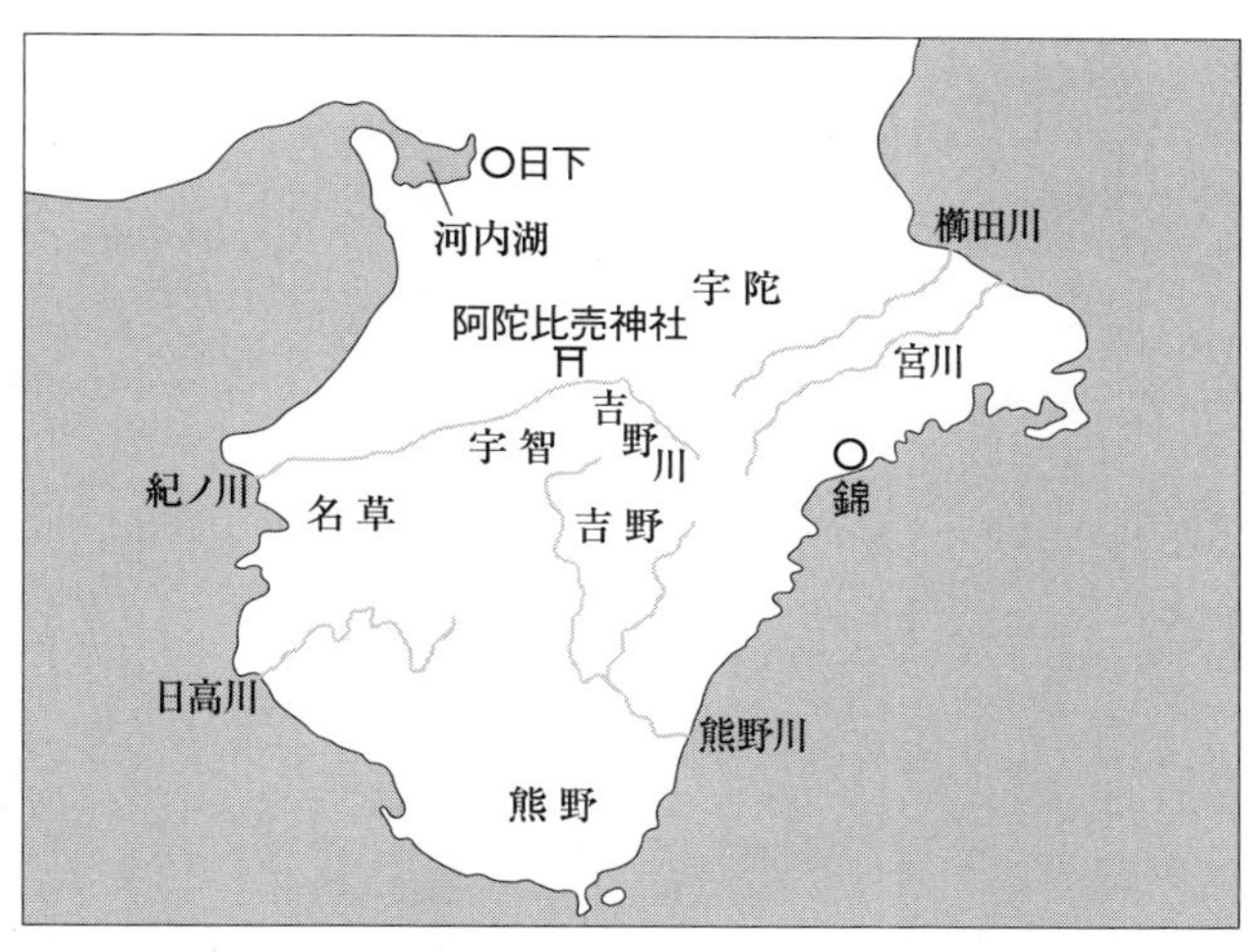

5～6世紀ごろの紀伊半島

ている。またハス、ヒシなどの湖の植物をも食用にしていることなどを述べている（『南遊紀行』）。

河内平野にあったこの湖が完全に姿を消すのは、太平洋戦争後の埋め立てによってであり、時代をさかのぼればさかのぼるほど湖の範囲は広く、今日の新大阪（しんおおさか）駅の北方に大阪湾へ通ずる水路があった。この湖は、縄文時代晩期か弥生時代前期には一部に海水がまじる潟であり、さらに「縄文海進」の言葉で知られている、海域が大きく陸地にくいこんだ縄文時代前期には、湾といえる状況であった。これらのいまはもうなくなった水域を、地理学では河内湾、河内潟、河内湖とよんでいる。

これを逆に時代を追っていえば、河内湾

の時代から河内潟の時代があり、ほぼ弥生時代以後は河内湖の時代が続き、古墳時代後期ごろには、湖から海への直接の出口がなくなって、江戸時代には深野池と呼ばれていたのである。

　左の地図でわかるように、堺市の北部から北方へと長さ約一二キロの上町台地が細長く延びている。この台地の上に住吉神社、四天王寺、難波宮、のちの時代でいえば石山本願寺や大坂（阪）城などがあり、政治・軍事・信仰などできわめて重要な土地であることがわかる。この台地は、高いところで海抜二五メートルにすぎないが、地層が固く、東方に展開する河内湖（それ以前は潟や湾）の水は、ここを突破して大阪湾に排出されることはなく、台地の北端、千里丘陵との間にある幅二キロ前後の水道によって、大阪湾に注いでいたのである。

　上町台地の北端は、地上ではほぼ大阪城のあたりで終わっているけれども、固い地層はさらに延び、その上に砂州が形成され、前述のように新大阪駅付近にまで達している。実際、新幹線の工事にさいして、新大阪駅の地点で古代の土器が出土している。弥生時代から古墳時代にかけては、時代によって多少地形は異なるが、このあたりを難波の碕とよんだのであろう。

　河内湖には、河内に降った雨水のすべてが集まるだけではなく、近江と山城のすべての水、そして丹波・伊賀・大和・摂津の水の一部も集まるから、たいへんな水量である（現在の大

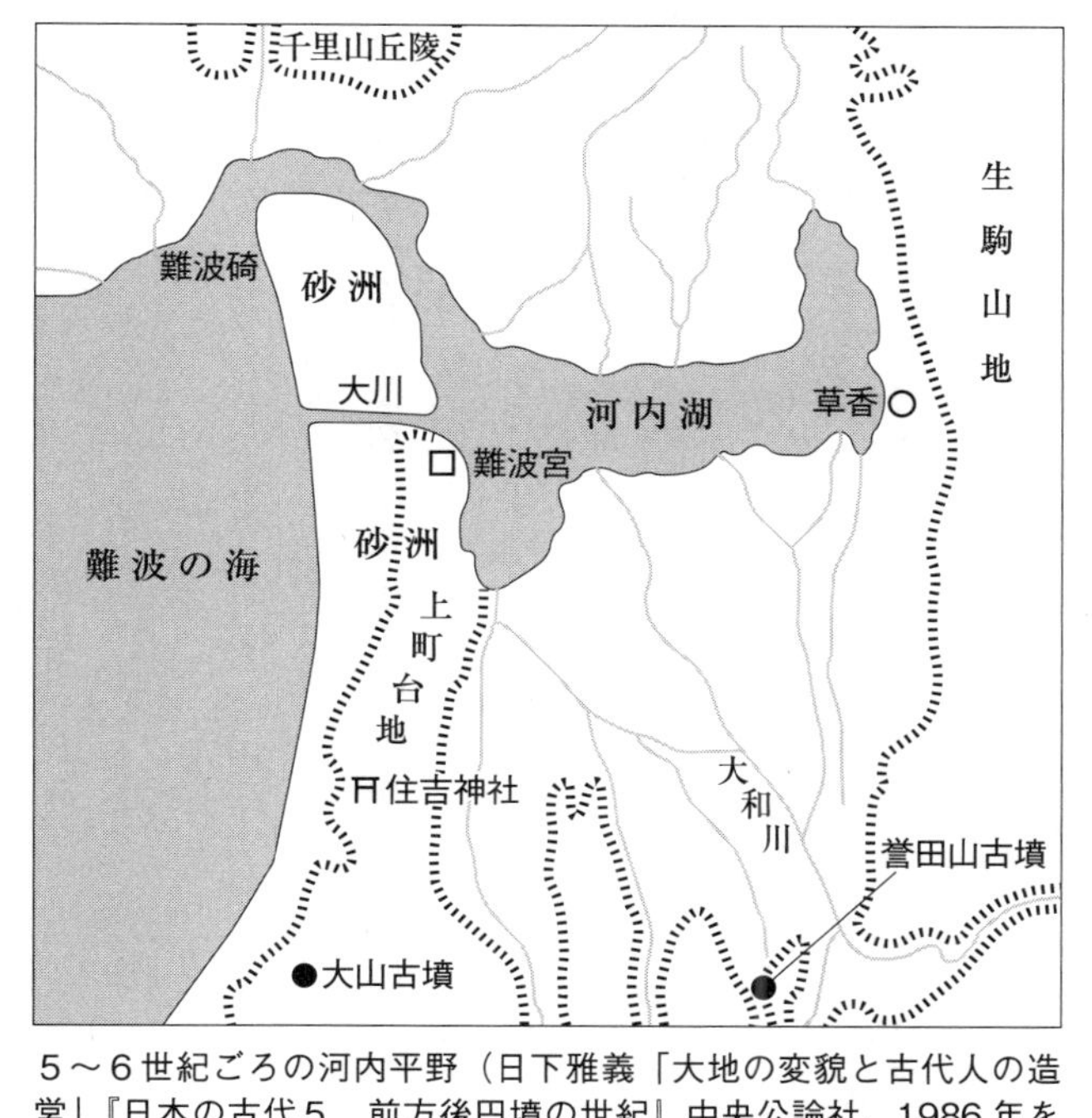

5～6世紀ごろの河内平野（日下雅義「大地の変貌と古代人の造営」『日本の古代5　前方後円墳の世紀』中央公論社、1986年をもとに作成）

和川は江戸時代の掘削である）。したがって大雨にさいしては、しばしば湖の周辺が被害を受け、東大阪市の瓜生堂や八尾市の亀井にある弥生遺跡などは、洪水で大きな被害を受けた状況がみられた。

このように河内湖に集まるのは、近畿地方全体の三分の一くらいの面積が受ける雨水であるが、それを排出する海への出口は、先ほど述べたように上町台地によって狭められており、さらにこの部分に土砂が堆積しやすいから、川でいえば瀬の状態に近く、渇水の時期は別にして、『紀』が述べていたような急流となり、浪が速いという実感を与えたのであろう。『記・紀』が描くその情景は、明らかに現在の大阪湾のものではない。

このようにイワレ彦の物語は、河内平野の古地形に即して展開していることがわかる。これについては、『記・紀』の編者たちが古地形やそれについての伝承に留意すれば、このような描写も可能になるという見方も、当然生まれるであろう。だが、そう考えるになお一つの問題がある。河内平野の古地形の研究に精力的に取り組んだ梶山彦太郎、市原実の両氏は、古代の河内湖の時代をⅠとⅡに分けた。両者を分けるのは、大川（淀川）の形成である。

今日、大阪市の中央を流れる大川は、自然の流路ではなく、人工的に掘削されたか、あるいはよほどの洪水のときに一時的に水の流出した跡を、人工的に水路として整えたものと推定されている。この大川の出現によって、河内湖の水が安定して大阪湾へ排出できるようになった。梶山・市原両氏が河内湖を前後の時期（Ⅰ期・Ⅱ期）に分けたのは、この大川の出現の重要性を考えたからである。

　上町台地を東西に開削したこの工事は、両氏によって五〜六世紀ころにおこなわれたと推定されている。古墳時代に河内平野の南方で、誉田山古墳や大山古墳などの、代表的な巨大前方後円墳が造営されるが、それを支えた土木技術は、このような長年にわたる水との戦いによって、鍛えられたのかもしれない。

　大川の役割は、たんに河内湖の水を安定して排出するだけではない。人工的な運河をつくることによって、河口港の機能がここに集められたのである。江戸時代には、各藩の蔵屋敷が大川の川岸に密集しているし、大坂城や石山本願寺もこの南岸にある。孝徳天皇（在位六四五〜六五四年）の難波宮や、五〜六世紀の大倉庫群（難波宮下層遺跡）も南岸にあるし、縄文時代後期から弥生時代にかけての大遺跡として知られている森の宮貝塚も、難波宮と重複している。さらに、まだ若干の論争はあるにしても、奈良時代の難波津の位置は、大川の岸か、あるいは上町台地西方に形成された帯状の潟（横堀川として名残をとどめている）の、大川と交差するあたりと推定されている。

　イワレ彦の物語では、河内平野の古地形が十分に把握されているにもかかわらず、大川はまったくあらわれない。もしイワレ彦の東征の伝承があったのであれば、河内湖Ⅱの時期のものではなく、それ以前の地形で語られているとしなければならない。

クサカ争奪戦の意味

イワレ彦とナガスネ彦は、生駒山の西、クサカの地で戦った。クサカについて、『紀』では草香邑(くさかのむら)としている。町村合併で日下町となる以前の孔舎衙(くさか)村には日下集落があり、ここには縄文晩期と古墳時代中期などの遺物を出す日下貝塚がある。付近には弥生時代の鬼虎川(きとらがわ)遺跡、西ノ辻(にしのつじ)遺跡、鬼塚(おにづか)遺跡などが散在し、生駒山脈西麓(さいろく)での遺跡の集中地帯の一つである。また、東に山越えをして大和に至る道（直越(ただこえ)）の出発点であり、山麓の道を北にとると、継体(けいたい)大王の樟葉宮(くずはのみや)に至るなど、陸上交通の要地でもある。

『紀』で地名のあとに「邑」がついている場合、そこにはしばしば弥生時代か、その前後の大遺跡がある。つまり草香邑の場合も、架空の土地が物語の舞台になったのではなく、そこで物語が展開してもおかしくない土地が登場しているのである。

クサカで、イワレ彦の軍勢は敗北を喫し、イワレ彦の兄、イツセ（五瀬）命(ノミコト)が深手を負った。このときイワレ彦は、「日神の子であるわれらが、日に向かって戦うから敗(ま)けたのだ」と言って、日を背に負って戦うべく、大阪湾を南下して熊野(くまの)に向かったのである。

漢字で日下とある場合、ヒノモトと読める。中世の古文書では、ヒノモトについて日本と

井辺八幡山古墳出土の入れ墨をした力士像（写真提供：和歌山市）

日下の両方の表記がある。難波宮のある上町台地から見ると、太陽が出るのは生駒山の上、つまり日下の方向である。イワレ彦の軍勢とナガスネ彦の軍勢が最初に争奪をするのが日下であることは、たんに交通上の要地をめぐる争奪ではなく、太陽信仰の重要地の争奪だったと私はみている。イワレ彦の物語よりのちの時代のことであるが、日下には、大日下王の妹の若日下部王の家があった。彼女はのち、雄略大王の皇后になるのだが、逆にいえば伝統的な日下の有力な家柄の女性を、雄略が皇后に選んだともみられる。なお、発音のうえで、クサカとヒノモトがどのように関係するかしないかは、私にはわからない。

太陽が出る、あるいは沈む土地は、どこを基準に考えるかによって、まったく違ってくることはいうまでもない。難波宮にたいする日下は、大和に拠点をおくと伊賀ないし伊勢になる。伊勢には、太陽神であり、かつ女神のアマテラス大神を奉斎する神社があり、そこに仕える斎王のいたことはよく知られている。だが、日下出身の女性が雄略大王の皇后になったことも見逃せない。

日下で重傷を負ったイツセ命は、紀淡海峡を南下する途中で死んだ。『記・紀』ともに紀国の竈山に葬ったとしている。『延喜式』に記載された九州南部の〝神代三陵〟については、第9章で述べたように所在地が漠然としており、かつ管理者の記載がなかった。ところが、イツセ命の墓については、紀伊国名草郡にあって、「兆域東西一町（約一〇〇メートル）、南北二町（約二〇〇メートル）、守戸三烟」と記載している。管理者である守戸を設けているのだから、律令時代に竈山墓が実在していたのは疑うことができない。『記・紀』の編纂者は、イツセ命から以後を〝実在する墓を残した人物〟とみていたのである。

兆域とは墓の敷地のことであって、墳丘の大きさとは必ずしも一致しない。兆域がすこぶる広大であっても、墳丘の小さい例は天智陵にみることができる。だが、東西一町にたいして南北が二町あるということは、考古学的にいえば墳丘の主軸を南北においた細長い古墳、たいていは前方後円墳の可能性がつよい。

一九九二年、和歌山市においてシャカノコシ（車駕之古趾）古墳の残存部の調査がおこなわれ、金製の勾玉などが出土し、大陸文化とかかわりのある六世紀の古墳であることがわかった。幸い土地が公有化され、保存できたことは喜ばしいことである。名草郡は、現在の和歌山市域に含まれると推定されるが、この古墳は東西に墳丘の主軸があるから、『延喜式』でいう竈山墓の候補からは遠ざかる。

名草郡内にあって、墳丘の主軸が南北で、しかも九州と何らかのかかわりのある古墳となると、二つあげることができる。それは、井辺八幡山古墳と大谷古墳である。

井辺八幡山古墳は、墳丘の長さが八八メートル、和歌山県最大の前方後円墳で、埋葬施設は未調査ではあるけれども、墳丘の上に配置された埴輪のなかには力士や武人の埴輪がある。

とくに力士については、顔面に入れ墨をし、ふんどし姿で、相撲ということも含め、隼人の習俗との関係が考えられる。

大谷古墳は、紀ノ川右岸にある古代の川口港（紀伊湊）を見下ろす丘の上にあって、墳丘の長さ約七〇メートル、埋葬施設の家形石棺の内外からは、朝鮮半島南部の伽耶に類例の多い馬冑や馬甲、さらに高句麗もしくは北魏のものと推定される馬具の飾り（杏葉）をはじめ、武具・武器が多く発掘されている。石棺内に遺存していた歯からすると、二、三十代の男性が葬られていた。遺物からみて、武将と呼ぶにふさわしい人物である。

大谷古墳の家形石棺は、藤ノ木古墳にみられるような近畿地方の家形石棺とは形が異なるばかりか、その石材は中部九州の凝灰岩であることが知られている。俗に阿蘇石とよばれているけれども、一つの見方は熊本県宇土市から切りだされた石材であり、もう一つの見方は大分県九重山の石材である。宇土の場合は、有明海から東シナ海に出て、玄界灘を通って瀬戸内海に入るという大航海をした石棺になる。九重山の場合は、周防灘から瀬戸内海を東に運ばれたものであろう。

大谷古墳の被葬者は、九州とも深いかかわりがあり、そこを拠点にして大陸の文物をも入手し、大陸風の武装をした武将である。もし、この人物がイツセ命の伝承にかかわるとするならば、古墳の年代からみて六世紀初頭の事件と推定される。ただ、大谷古墳が何者かによって律令時代に管理され、祭祀をしていた気配は知られていない。これにたいして井辺八幡山古墳のくびれ部にある造り出し部からは、わずかながら律令時代の土器が出土していて、このころに祭祀がおこなわれていたことがわかる。いずれにしても、イツセ命の実在についてではなく、律令時代にどの古墳、あるいはどのような古墳をイツセ命の墓に考えていたかを追究することは、条件さえ整えば、それほどむずかしいことではなかろう。

イワレ彦の上陸記念祭

名草郡を経て、イワレ彦の船団は熊野へ向かっている。『紀』では、暴風雨にあって船団が漂ったことをはじめ、数々の苦難が語られている。また熊野では、丹敷浦(にしきうら)で丹敷戸畔(にしきとべ)を誅殺(ちゅうさつ)したことを述べている。丹敷についてはいくつかの候補地があるけれども、私は紀伊国北(きた)牟婁(むろ)郡錦(にしき)村（現在は三重県紀勢(きせい)町錦）を有力とみている。一八九七年（明治三十）に帝室博物館員であった三宅米吉(みやけよねきち)がこの地を訪れ、「錦浦の古墳」という探訪記を残しているし、三重県の考古学の先達ともいうべき鈴木敏雄(すずきとしお)が一九三〇年（昭和五）に、謄写刷りながら詳細をきわめた『錦村考古誌考』と題する冊子を残している。

熊野といえば、現在の和歌山県域だけを考えやすいが、もとは三重県の伊勢神宮からさほど遠くない海岸地域までが熊野であり、丹敷浦を錦村とするうえの地名上の支障はない。そればかりか良好な港湾があり、その周辺に古墳が点在し、三角縁神獣鏡など、古墳時代の銅鏡だけでも四面が出土している。

この土地ではイワレ彦の上陸を記念するギッチョウ祭りがおこなわれ、学界がイワレ彦の東征伝説について冷淡であるのと対照的に、民衆は今日でも祭りとして楽しんでいる。私は数年前に初めて錦を訪れ、先人の研究に接したとき、ここでも東征の物語に登場する土地が、地域の重要拠点であることを知って、驚いたことがある。平城京の木簡にも二色郷のカツオ（堅魚）、仁色郷のタイ（多比）がある。これらの海の産物を出した土地も、一時志摩国に属したことはあったけれども、丹敷のことであろう。

『紀』では、丹敷浦での戦いののち、土地の神の毒気にあたって、人・物ことごとく瘁えた、とある。気力と体力を失ってしまうことである。その後、さまざまな対策が講じられたあと、イワレ彦の軍勢は船を捨てて、険しい山道を行く徒歩の軍勢に変身をしている。常識的にいえば、熊野灘を北上し、伊勢湾に入って、さらに櫛田川などの河川を遡れば容易に大和に近づけるのに、どうして船を捨てたのであろうか。物語のうえでは、もちろん当時はまだ伊勢神宮はないけれども、のちにアマテラス大神を祀るべき土地としての伊勢を、戦いの舞台からはずしていると私は考えている。

『記』では、熊野での物語が少しあって、そのあと吉野川の河尻に到達し、ウケ（筌、竹で作った漁具）を使って魚をとる人などに出会っている。吉野川が紀ノ川となるあたりは大和国宇智郡（奈良県五條市）で、隼人とのかかわりの深い土地である。第8章で南九州の隼人と竹の関連について述べたけれども、『紀』の物語では、熊野から山越えをして、大和東部の菟田（宇陀）にまず入ったという展開になっているが、『記』ではそれとはかなり違い、まず紀ノ川の上流にあたる大和南部に至っている。

ここで重要なのは、大和南部といえば、飛鳥や斑鳩など盆地（平地）の人たちの目には、全体として異郷的に映じたとはいえ、さらに二つの地域の違いがあった。一つはいま述べている宇智郡と、もう一つは、その東方と南方に広がる広大な吉野郡であった。吉野郡の神秘性というか聖域的性格については、ここでは省く。

南九州勢力の居住地へ

さて、『記』ではイワレ彦の軍勢は、律令体制での地域名では宇智郡に至っているのであり、やや強弁するならば、宇智郡をめざしたのである。以上のことから、次の諸点を整理できる。

(1)紀ノ川は水運の発達したところで、川を遡れば船を利用したまま南大和まで到達することができる。

(2)南大和の宇智郡には、二見首や大角（住）隼人など、海幸彦の子孫という南九州出自をにおわす集団が居住しており（『新撰姓氏録』）、イワレ彦は大和入りにさいして、まず、南九州勢力の分住していた地域に入っている。

(3)大和南部へまず入ったのは食料や物資の確保のためで、大和入りについては、『紀』よりも『記』の展開のほうが、自然のように思える。

宇陀での戦いにさいして、イワレ彦の軍勢が疲れたときに作った歌として、よく知られた次の一節が『記』にみえる。

戦へば　吾はや飢ぬ　島つ鳥　鵜養が伴　今助けに来ね

これを、戦いで兵力が足らなかったので、鵜養が武装して援助に来たと解釈する人もいるけれども、私は武力もさることながら、軍勢の食料に鵜養がアユを提供した話とみている。『記』はさらに、先に述べたウケを伏せて魚をとっていた人を、阿陀（多、太）の鵜養の祖としている。

古代の宇智郡の中心勢力は、五條市の近内古墳群を残している。日本列島でも屈指の大きさの大円墳、近内鑵子塚古墳や、朝鮮半島で流行した俗に蒙古鉢形とよばれる冑を出した方墳の猫塚など、円墳や方墳が古墳群を構成する核となっている。この点、前方後円墳が古墳群の核となる大和の盆地部とは様相を異にしている。これら宇智郡の古墳の副葬品からイメージされる人物像は、まさに武将そのものであり、ときにはそこに漁具や鍛冶具が加わる。

吉野川を遡った五條市原町に、『延喜式』にも記載されている阿陀比売神社がある。主神は第8章で述べたコノハナサクヤ姫で、イワレ彦の祖母にあたる。吉野郡と違って、宇智郡は隼人、もしくは南九州の名残が、あちらこちらに漂っている。

五世紀の古道が発掘された御所市の鴨神遺跡を見学したことがある。古道のほとりには風の森神社があり、その南方は宇智郡である。御所市は古代の葛城で、山城とともにカモ（鴨・賀茂）氏の繁栄したところである。

イワレ彦の軍勢が熊野で苦難に遭遇したとき、ヤタガラス（八咫烏）が先導したことは『記・紀』ともにのべている。とくに『記』ではヤタガラスによって吉野川の河尻、つまり宇智郡に至ったとしている。ヤタガラスといえば鳥のようだが、『新撰姓氏録』では、カモ氏の祖がカラスに化けて先導したとしている。私の直感にすぎないが、隼人の居住地である宇智郡と境を接している葛城にいたカモ氏ならば、イワレ彦を宇智郡に案内するのには最適である。子供のときから聞き慣れたヤタガラスの話にも、土地勘ははっきりとうかがえるのである。

第13章　ウダでの山地戦から大和平定へ

吉野の「尾のある人」

神武（じんむ）天皇（イワレ彦（ヒコ））の東征物語は、これまで説明してきたように、武装集団を乗せた大船団による移住が根幹になっているとみられる。直接には語られていないけれども、女や子供たちも、移動を共にしたと推定される。そして武装集団とはいえ、騎馬隊であった片鱗（へんりん）はなく、いわゆる水軍・舟軍であった。ただし、山地戦を得意とする一団が参加していたことについては、あとで述べる。

中国には「南船北馬」という、交通手段に着目して地域の特色を述べた慣用語がある。この場合の「北」とは華北、「南」とは華中・華南、とくに華中の江南をあらわしている。イワレ彦の集団は、大きく分けると江南的、あるいは江南と共通しているといえるであろう。それを住民に主眼をおいていえば、呉あるいは呉越的である。ただし先に述べたように、そのことを『記・紀』の編述者たちはきらった気配がある。

前章で述べたように、河内のクサカでナガスネ（長髄）彦の軍勢との戦いに敗れたのち、イワレ彦の船団は、大阪湾を経て熊野に至っている。ここまでは水軍としての行動だが、このあとの行動が、『記』と『紀』では異なる。つまり『記』では、まず紀ノ川上流にあたる大和南部の宇智郡に至っている。この地は南九州出自の隼人の居住地であったとみられるので、イワレ彦とは本来、地縁・血縁のつながりのある人びとが生活をしていたことになる。これは物語のうえだけではなくて、考古学的にも古伝承でも支持できることである。

宇智郡へは紀ノ川を遡ると到達するので、水軍としての行動のまま、この地に行くことができる。このあと吉野に至り、さらに複雑な山地形の続くウダ（宇陀）にあらわれている。近世の例から推測すると、吉野までは水運を利用することが可能であるけれども、そこからウダへは峠を越え山道を歩くほかない。

いっぽう『紀』では、熊野から険阻で行くべき路のない山を越えて、ウダ（菟田）に着き、ここで武力によって在地の豪族を殺し、そののち吉野にあらわれ、さらに吉野川にそってコースを西にとり、鵜養のいるアダ（阿太）、つまり宇智へ行っている。今日の鹿児島には鵜養は見られないが、古代には隼人の生業の一つだったと推定される。

このように比較すると、イワレ彦の行程が『記・紀』によってまったく逆になっていることがわかる。整理すると次のようになる。

『記』　熊野→宇智→吉野→ウダ
『紀』　熊野→ウダ→吉野→宇智

そして行程の違いにかかわらず、『記・紀』の両方で共通しているのは、宇智と吉野とでは、その土地の住民との対立あるいは戦さの描写がないことである。隼人系集団の居住地とみられる宇智についてはそのことは当然として、吉野についてもその理由を検討する必要があるだろう。

『記・紀』ともに、吉野でイワレ彦が出会ったのは「尾のある人」である（「尾生る人、井より出で来たりき」＝『記』）。その名は井光（『紀』）または井氷鹿（『記』）で、これを吉野首の祖であるとしている。弘仁六年（八一五）に成立した『新撰姓氏録』は、対象を畿内に限って、千あまりの氏々の系譜を整理しているが、この書物では吉野連について、次のように説明している。

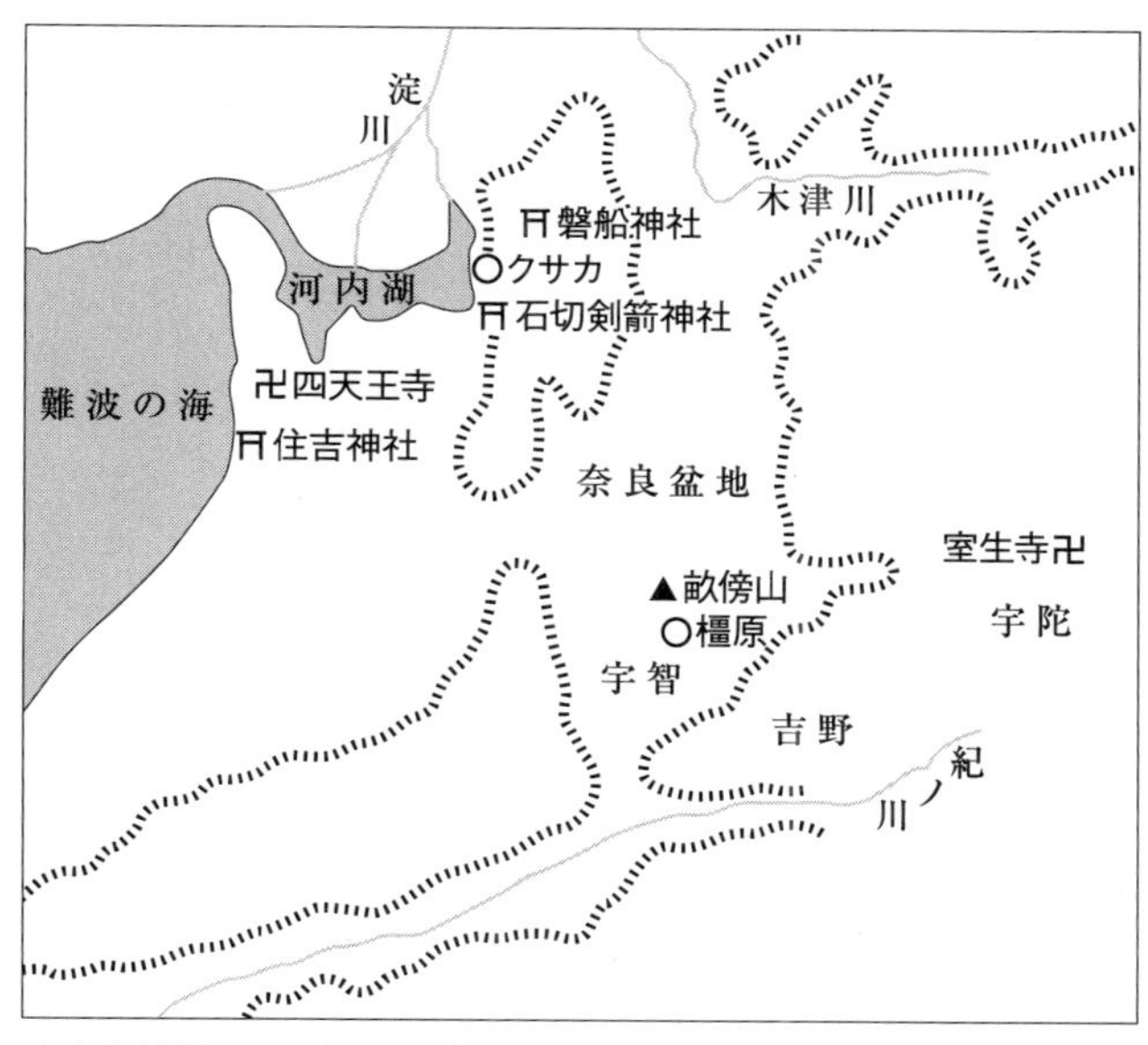

奈良盆地周辺の河川と山地

イワレ彦が吉野に至ったとき、井光女（いひかめ）という者がいて、私は「天より降来した白雲別神（しらくもわけのかみ）の娘」と言ったので、イワレ彦が水光姫（みひかひめ）の名を与えたそうである。

ここで注目されることがある。『新撰姓氏録』では、氏々の祖を基本的に男性として、男性の祖の出自にしているのに、吉野氏は女性を始祖にしているのである。そして『紀』や『風土記』によると、九州では、始祖かどうかは別にしても、女性の支配者が頻繁にあらわれ、ときには戦さの先頭に立つ者としてもあらわれるということがある。先に景行（けいこう）紀での天皇による九州遠征にふれたけれども、そこで碩田（大分）国での速津媛、八女県での八女津媛、さらに周芳（防）の娑麼（防府市）の神夏磯媛などがあらわれ、そのなかには「一国の魁帥」と表現されている者もいた。

さらに水光姫の「天より降来した」という意識は、イワレ彦集団のように天孫降臨または九州を含む遠隔地からの移住を述べ、イワレ彦集団より前に大和への移動・移住がおこなわれていたことを示唆している。このようなことが、イワレ彦の物語のうえで対立・衝突がなかったことの一つの原因であろう。

「尾のある人」についていえば、もちろん生物学的には存在しない。だが、布などを使って尾を作ることと、それを衣服につけることは可能である。

『後漢書』西南夷伝によると、今日のチベット自治区の東部に哀牢夷という集団がいた。その集団の伝説では、「一人の女が水中で沈木に触れて妊娠し、十人の子供を産んだ。すると、沈木が龍となって姿をあらわしたので、九人の兄たちは逃げた。逃げなかった末子が龍に背中を舐められ、やがてその集団の王となり、他の兄たちも栄えた」という。それにちなんで、この集団は龍の入れ墨をし、衣服に尾をつけているという。

「尾のある人」、言い換えれば龍を意識した仮装をすることは、中国西南の住民の一習俗を示しているのである。このことは、吉野を理解する基本資料といってよかろう。

隈どりする久米びと

奈良盆地の東南にあたる広大な山地がウダである。近鉄大阪線の電車で走ると、奈良盆地（奈良の人たちは国中といっている）から丘陵地帯に入って十分も行けば、龍穴神信仰で知られたウダの室生龍穴神社へ行く室生口大野駅がある。わずかな距離にすぎないけれども、ウダと盆地とでは、考古学的な状況に、かなりの違いがみられる。

一九七〇年前後、「ウダには弥生時代の古墳があり、古墳発生の胎動の地である」といわれたことがある。たしかに見田大沢遺跡、大王山遺跡、西久保山遺跡などは、弥生後期的な土器を埋納していた。だが研究が進むと、弥生後期の土器に続く庄内式や纒向Ⅱ・Ⅲ式といった新しい土器が盆地で流行しはじめた時期に、ウダではなお旧来の土器を好んで用いていたらしいということがわかってきた。だから、土器は弥生後期の特色を示すとはいえ、年代的には古墳時代初頭に相当するものという可能性が強まっている。その意味では、伝統の根強い地域だとみてよかろう。

ウダでは、エウカシ（兄猾）とオトウカシ（弟猾）の兄弟が在地の支配者であった。オトウカシはイワレ彦の勢力と結託するが、兄は反抗した。このとき、イワレ彦側の武将は、大伴連の祖・道臣命と、久米直の祖・大久米命の二人であった。大久米命は、『記』によると「黥ける利目」をしていたという。これは「目の周りに入れ墨をしていた」ということであろう。弥生時代の土偶や古墳時代の埴輪にも、目のぐるりを隈どった入れ墨の表現のあるものがある。

六世紀初めの和歌山市井辺八幡山古墳から出土した埴輪では、力士像には目のぐるりと鼻の両側に入れ墨の表現はあるが、武人像にはなかった。南山城と隼人の関係についてはしばしば述べたが、中世に隼人荘とよばれた土地を含む京都府田辺町の、堀切七号墳出土の六世紀の武人埴輪には、顔面に入れ墨の表現があった。歌舞伎の俳優でも、両目を化粧で隈どっていると、いかにも強そうな印象を受ける。イワレ彦の武装集団のうち、少なくとも久米（来目）の集団は黥面をしていたことを物語っている。

久米集団については、中部九州の熊本県人吉盆地、言い換えれば球磨（郡）の出自をとく説があり、私もその説に惹かれている。ここはまた、熊襲の土地でもある。この地域は、弥生時代に北部九州で大流行する大型甕棺を墓に使う風習や、青銅製の武器類を使うことをほとんどしなかった土地であり、北部九州の文化を拒否したとも思えるほどである。弥生後期には免田式土器とよばれる華麗で気品のある壺が流行し、古墳時代になってもしばらくその流行が続いている。邪馬臺国と対立した狗奴国の有力候補地であり、この地域の人びとをクマ人（肥人）とよぶこともある。山地形での生業は稲作よりも畑作に適している。

熊本県人吉盆地で流行した免田式土器（写真提供：鹿児島県立埋蔵文化財センター）

ウダは、先ほどから述べるように、奈良盆地より見れば地形の入りくんだ山地であり、この点、人吉盆地と共通している。だから、クサカの水戦では登場しなかった久米集団が、ウダでの陸戦で活躍することになる。このことは、『記・紀』に共通している。『紀』では、ウダで軍勢を鼓舞するためにイワレ彦が歌った歌を「来目歌（くめうた）」といっている。このような私の推察によると、イワレ彦勢力には水戦を得意とする集団と、陸戦を得意とする集団とが存在していたのである。

イワレ彦の侵入を防ごうとしたエウカシは、建物のなかに機（おし）（『紀』。『記』では押機（おし））を作って誅殺しようとした。この装置との関係は明らかではないが、『記・紀』ともにウダの別称を「宇陀の穿（うかち）」（『記』）または「菟田（うだ）の穿邑（うかちのむら）」（『紀』）といっている。「穿」とは、陥（おと）し穴のことであろう。

一九七〇年代、日本列島各地の発掘面積が広くなりだした。従来なら住居跡だけであったのが、対象が集落になり、やがて集落周辺の生活空間にも及びだした。すると獣用の陥し穴が各地でたくさん見つかるようになった。横浜市緑（みどり）区の霧ケ丘（きりがおか）遺跡群では、縄文時代早期の陥し穴がつぎつぎにあらわれ、縄文時代に多摩（たま）丘陵で作られた陥し穴は数十万に達すると推定されている。このような陥し穴は、時代によって多いときと少ないときの波はあるが、基本的には現代まで続いている。なお獣用の陥し穴は、穴に落ちた動物をすぐ殺すのではなく、狩人が獲物を見つけるまで生命を長らえさす工夫をしたものが普通のようである。私の推測では、ウダの土地柄からいって、このような陥し穴がたくさんみられたのであろう。

　ウダでの戦いの後、オトウカシは牛酒（ししさけ）を用意してイワレ彦の軍勢をねぎらった（『紀』）。牛酒とは「牛肉と酒」であると、今日の学生コンパのように解釈している書物があるけれども、古代に蘇（そ）とも酥（そ）ともいわれた、牛乳を使った食品と考えてみてはいかがであろう。というのは、律令時代には、天皇や貴族たちが蘇、つまりは濃縮牛乳、今日でいうクリームかコンデンスミルクを摂取することに努力し、そのために規則まで設けられたし、実際にこれに関係する木簡も出土している。『記・紀』の編者たちは当然、栄養食品としての蘇を知っていたはずで、ウダの場面で濃縮牛乳が登場してもおかしくはない。

　それと欽明（きんめい）紀や孝徳（こうとく）紀によると、蘇を扱ったのは、呉国（江南）からの渡来人の末裔である和薬使主（やまとのくすしのおみ）である。そのころの和薬使主の居住地は明らかではないけれども、ウダという土地は、江戸時代にも森野（もりの）薬園の存在で名高いように、植物性の薬品の産地である。また、鹿の角のような動物性の薬品や、丹のような鉱物性の薬品も産出した。このような土地の特色が、オトウカシによる牛酒の「労（ねぎら）へ饗（あえ）す」の設定になったと考えられる。

　ウダでの戦いにさいしては、イワレ彦側に女軍があらわれている（『紀』）。いうまでもなく律令制の規定では、衛士（えじ）や防人（さきもり）などの兵士はすべて男性であって、女性の兵士は登場しない。ところが、おそらく盆地と山地との接点が舞台と思われる磐余邑（桜井市西南部とその周辺）でのシキ（磯城）彦（兄磯城）との戦いにさいして、シイネツ（椎根津）彦が女軍を使ってイワレ彦軍を勝利に導いている。シイネツ彦とは、第10章で述べたように、豊予水道の地域で活躍した海導者であったものが、イワレ彦軍に参加したのである。のち倭国造に任じられ、子孫も栄えた。

イワレ彦の軍隊は、基本的には水軍であった。水軍と女の戦士について一例を示しておこう。十世紀の藤原純友の反乱にさいして、瀬戸内海の海賊が純友方に参加したのはよく知られたことだが、政府側にとらえられた海賊には、男だけではなく女も含まれていた。瀬戸内海の水軍には、女子も戦闘要員として参加したことがわかる。

最後の決戦に迫力なし

イワレ彦は、大和の南部を制圧した後、前に河内のクサカで大敗を喫したナガスネ彦と雌雄を決することになるはずである。ところが『記・紀』ともにナガスネ彦との戦いの場面よりも、他の豪族との戦いが詳しく述べられている。ウダのエウカシ、忍坂の大室のヤソタケル（八十建）、磯城に勢力をはっていたと推定されるエシキなどとの戦いである。『記』は、トミ彦（登美毘古、ナガスネ彦の別名）を討とうとしたときにできたといわれる歌（これにも

「久米の子等が」と、久米人が歌われている）は載せているけれども、トミ彦との戦いの場面はない。『紀』には、戦前よく紹介された金色のトビ（鵄）があらわれ、イワレ彦の軍勢を勇気づけたという話はでてくるけれども、他の豪族との戦いに比べると、まるで臨場感がない。このように、イワレ彦の東征の物語の最後を飾るべきはずのナガスネ彦との戦いの状況があまり語られていないのは、不思議なことである。

この問題にからんで見逃すことができないのは、ニギハヤヒ（饒速日または邇芸速日）命の存在である。ナガスネ彦側には、イワレ彦と前後するようにして（実際はかなり以前という印象を受ける）九州から天磐船に乗って移住してきた天神の子ニギハヤヒ命が加わっていた。ニギハヤヒは、ナガスネ彦の妹（ミカシキヤ〔三炊屋〕姫またはトミヤ〔登美夜〕姫）をめとり、子供をもうけていた。それがウマシマデ（可美真手）命である。『記・紀』によって表現は異なるが、これらの父子が物部氏の遠祖である。

イワレ彦とナガスネ彦とのやりとりで注目されるのは、イワレ彦が「本当に天神の子であれば、それを証明する表物があるだろう」と言うくだりである（『紀』）。このとき、ナガスネ彦が天羽羽矢一隻と歩靫をイワレ彦に示すと、イワレ彦側も同じ種類の品物を見せ、同族であることを確認しあっている。この場面から推定すると、同じ天神族とはいえ、顔を合わせ言葉を交わしただけで同族とわかったわけではない。常識的な推定では、かなり以前に移住したのか、あるいは同じ邑の出身の人ではなく、同族としても離れた土地の人であったのであろう。

物語の展開のうえでは不自然な部分もあるけれども、この場合は矢の入れ物である靫とそれに納めていたと推定される複数の矢とが、同じ集団に属していることを証明する品々であった。靫というのは矢の入れ物であるけれども、鋭い鏃を上にして矢を納める武具で、威嚇用の性格があったと推定されている。埴輪では、五世紀の大型古墳によく使われており、六世紀にも各地の埴輪や福岡県八女市の岩戸山古墳の石人に見ることができる。置くこともできるし、背負うための幅の狭い帯状の布がついているので、武人が背負って歩くこともできる。

『紀』では、イワレ彦とは別の天神族であるニギハヤヒ命に仕える（あるいは協力関係にある）ナガスネ彦の苦しい立場がよく描写されている。しかし、すでに戦闘状態に入ってしまったので、戦いを止めることはできなかった。結果的にはニギハヤヒ命の離反によって、ナガスネ彦は、今回は簡単に敗北し、中洲、つまり大和の主要部が平定され、イワレ彦は、畝傍山の東南にあたる橿原（白檮原）に都をひらいたという物語の展開になっている。

畝傍山の東方から東南にかけては、縄文時代晩期の橿原遺跡がある。弥生時代や古墳時代の土器、さらに奈良時代ごろの集落跡などもあるけれども、出土遺物の多いのは縄文時代晩期である。近畿地方には珍しい百四十個もの土偶が出土していることや、土器のなかには、東北地方からもたらされたと推定される精巧な土器もまじっており、九州とつながる要素よりもむしろ東日本に関連づけることができる。また、この遺跡からはタイ、クジラ、エイなどの海産の魚骨が出土していて、太平洋沿岸地方との関連があったことが推定されている。考古学的にいう橿原遺跡と、『記・紀』の物語のうえのカシハラ宮とが、ある時期に限ると関係があるのか、それとも何の関係もないのかは、今後の検討にまたれるところである。

東征以来の〝宿敵〟物部

国生み神話から始まって、イワレ彦の東征の物語まで、長年考古学に携わっている者の立場で解説をしたり疑問を述べてきた。さらに私の得手があるとすれば、物語のうえにあらわれる地名についての土地勘である。また、それぞれの土地にある古墳やそれを残した氏々についての知識も、物語をひもとくうえで作動した。

そういう立場で、大阪湾に入ってからのイワレ彦の行動を見るとき、最大の疑問は河内のクサカの戦いである。『記・紀』ともにナガスネ彦と戦ったとしているけれども、相手はむしろニギハヤヒだったのではないか、ということである。

『記・紀』にニギハヤヒが登場するのは、クサカでの戦いではなく、大和での戦いの最後になってからである。ところがのちに説明するように、クサカはニギハヤヒに関係が深い土地なのである。また、すでに述べたように、大和でのナガスネ彦の戦いの描写が、他の大和の豪族たちの戦いに比べると、まるで臨場感が乏しい。このことも疑いをつのらせる。

すでに述べたように、『記・紀』ともにニギハヤヒ命またはその子ウマシマデ命が、物部氏の遠祖であるとしている。私の実感では、渡来系の氏族をも含めて、古代の氏族のなかで支族の数、居住地の数、ひいては人数的に多いのは、秦氏と物部氏が双璧であったと思う。大伴、中臣、忌部、蘇我などの氏よりは、はるかに大きな氏であったとみてよかろう。

平安時代の初期に成立したと推定されている『先代旧事本紀』では、『記・紀』とはやや違った天孫降臨についての記述がある。この書物は物部氏の出自について詳しく書いているが、それによるとニギハヤヒは十種の神宝を持ち、三十二神を率いて、船長、梶取、船子らの乗る天磐船に乗って、河内国の河上のイカルガ（哮）峯に下り、それから大和へ移ったという。北河内の交野市私市の磐船神社には、天磐船と称する巨岩があるけれども、天磐船とよばれるような船が実在したとすれば、石の船ではなく、きわめて頑丈な木造船という意味だったのであろう。

天磐船伝説はともかくとして、河内は物部氏との関係が深い。深いというよりは、物部氏最大の根拠地であった。五八七年、蘇我馬子が諸皇子や諸豪族と一緒に物部守屋を攻めた。

このときは渋川(しぶかわ)など、今日の大阪府八尾市から東大阪市にかけての範囲で戦っている。戦いに参加した皇子のなかに厩戸皇子(うまやどのみこ)、のちの聖徳太子(しょうとくたいし)もいたことは名高いことである。この戦いによって物部の本家は滅ぶのであるが、没収された土地と奴(やっこ)の半ばが、四天王寺に施入されている。細かい地名は省くけれども、それによると物部氏の根拠地は、中河内を中心に大阪市、北河内、さらに和泉(いずみ)の各地などに及んでいるとみられる。

大阪湾に入ったイワレ彦が最初に戦ったクサカは、のちの物部の最大の根拠地に含まれている。日下(くさか)の南方には、『延喜式』におさめられた石切劒箭(いしきりつるぎや)神社がある。剣と箭（矢）が示すように、戦さに長けた物部氏の神社であり、祭神はニギハヤヒとウマシマデである。この神社の夏季大祭では、年ごとに四地区の氏子から大力の持ち主が選ばれ、神事に参加する。注目されるのは、四地区のなかに日下が含まれていることである。イワレ彦の物語に登場するクサカは、もちろんその物語の時点での状況はつかめないとしても、物部氏の根拠地に含まれ、それも信仰の中心である聖地に隣接している。このように整理すると、『記・紀』の編纂の時点では、クサカという土地とニギハヤヒとの関連がすでに知られていたと推定される。

考古学的にみても、弥生時代には北部九州から南九州、日本海方面、瀬戸内海から近畿地方などへ、稲作の技術とか銅鏡や銅銭など、さまざまの文物が伝播(でんぱ)する。このような伝播は一度におこなわれたのではなく、いくつもの波があった。もちろん、技術や文物の伝播と表現する陰に、人間の移住・移動があったことはいうまでもない。ニギハヤヒとイワレ彦の物語にも、このような時を隔てての広義の同族の移動がうかがえる。

以上の私の疑問を要約すると、次のようになる。

瀬戸内海を東進し、大阪湾に入り、河内の湖を経て、生駒山脈のふもとに攻め込んだイワレ彦の軍勢を迎え撃ったのはニギハヤヒの勢力であり、それに協力して大和の勢力も加わった。太陽に向かって戦うことはできないとして熊野から迂回(うかい)した本当の理由は、まず大和の勢力を味方につけてから強大なニギハヤヒの勢力を屈服させることにあったのであろう。このように考えると、河内の物部勢力が東からの攻撃を受けたのは、六世紀に滅亡するときだけではなく、イワレ彦の物語にも同じような状況が先取りされていたとみてよかろう。

おわりに

終章を書いてから約半年たった。あとがきに書きたいことはいくらもあるが、私はいま、オホド（男大迹）王、つまり継体天皇についてたいへん惹かれており、そのことにふれないわけにはいかない。継体天皇といえば実在を疑う学者はなく、神話の世界という印象はほとんどないけれども、さまざまな伝説を残していることに驚いている。古代の天皇のうちで伝説の多い人物である。いずれ機会をみて、継体天皇の伝説から何か考えられないか検討できる日を楽しみにしている。

継体天皇は『日本書紀』によれば、新王朝といってよいのではないかと思えるような出自と登場ぶりになっている。一代前の武烈天皇で大和の大王家の血統が絶えたので、越（この場合は越前）からオホドを迎え、河内の樟葉で即位したことになっている。

大和の大王家の血統が絶えたというのは、当時の天皇が一般的にもうけている子供の数からみて二〜三世代もさかのぼると膨大な人数のいたことが予想されるから、それは事実ではなかろう。おそらく新しい国際感覚を身につけ、倭国全体の王にふさわしい人物が大和にはすでにいなかったという意味かと考えているが、これらの問題については、『古墳から伽藍へ』（『図説日本の古代5』中央公論社、一九九〇年）で遺跡や古地形、さらに交通網などと対応させながら考えを述べたので、ここでは省く。

オホドは、越前（『古事記』では近江）から河内と山背を経て、最後に大和の磐余玉穂宮に都を定めている。イワレ彦は西から東へ、オホドは北から南へと行動の違いはあるけれども、畿内以外から出発をして、最後に大和に入った点が、イワレ彦の物語の骨格に通じるものがあると私は感じている。

これも、あくまで『紀』のうえであるが、継体二十四年に政治を補佐すべき人材についての詔がだされている。そのなかで継体天皇は、磐余彦の帝（神武）と水間城の王（崇神）が、それぞれ〝博物れる臣〟の助けで政治をおこなった、その人物とは、道臣と大彦であると述べている。私には、近江毛野臣への不満が述べられているように思える。もとより、この時の詔が実際に出されたかどうかはわからないが、少なくとも『紀』の編者が継体天皇の役割を神武や崇神に匹敵するとみていたふしが感じられる。

継体天皇は、河内で即位する以前、つまり越にいた時に、尾張連草香の娘目子媛を妻にし、二人の男子をもうけている。そのほか七人の妃がいるけれども、それらの女性との結婚がいつの時点でおこなわれたかは、『紀』の記述からはわからない。ところが、即位のすぐ後で、る。仁賢天皇の皇女、言い換えれば在来の大和の大王家の血筋をひく手白香皇女を皇后にしている。

このような観点でイワレ彦の婚姻関係の記事をみると、継体天皇と共通している点がうかがえる。『記』によると、イワレ彦は日向にいた時に、阿多の小椅君の女兄弟アヒラヒメと結婚して、二人の子をもうけている。阿多は、すでに述べたように、隼人集団の名門である。ところが、イワレ彦は橿原宮で即位した後、大后（皇后）を決めようとして、ホトタタライススキ（富登多多良伊須須岐）ヒメを選びだしている。

この女性は、三島溝咋の娘セヤダタラヒメと美輪の大物主神との間に生まれたことになっている。美輪というのは、大和の聖地としての三輪山であるが、大物主が丹塗りの矢になって、セヤダタラヒメが用便をしている時に溝を流れくだって、女性のホト（陰部）をつき、結婚が成立したという話になっている。考古学では最近便所の遺構と考えられるものが各地で発掘されているが、この場合は、水が流れている溝のほとりまたは上に便所があったことがうかがえる。

『紀』にも、イワレ彦の皇后のことは簡単に語られている。『記』と同じように、皇后の母方である三島溝咋を主にした話になっていて、大物主（『記』では事代主）は脇役的に描かれている。

私が重要だと思うのは、イワレ彦の皇后は、三島の出自であるということが強調されている点であり、三島というのは、言うまでもなく継体天皇の藍野陵の所在地である。『延喜式』では三島藍野陵は摂津国島上郡にあることになっているが、摂津（津）国が河内国から分立するのは天武朝ごろと推定されており（『大阪府史』二巻、一九九〇年）、樟葉宮に継体がいたころは、三島も摂津ではなく河内に含まれていたのである。つまり三島とは、継体が初めて即位した河内の一部だったのである。

『記』では、ホトタタライススキヒメの家が狭井河のほとりにあった時、イワレ彦がそこへ出かけて結婚が成立したことになっている。従来、狭井河については、大和のなかに求めようという動きがあるけれども、大阪府吹田市には佐井寺があり、その近くの伊射奈岐神社は、『延喜式』によると島下郡、つまり三島のしもの郡にある。島下郡には溝咋神社もあるから、物語の舞台からみて、狭井河が摂津にある方がふさわしいであろう。

本書では国生み神話に始まり、イワレ彦の東征までを扱ったけれども、六世紀前半の継体天皇の越からの河内・山背・大和入りの出来事やその人物像あるいは婚姻関係が、さかのぼってイワレ彦の物語の構成に影響を与えているのではないかと考えるにいたった。イワレ彦とオホドの二人が即位以前に結婚していた女性は、それぞれ南九州と東海の有力者の出であり、ともに二人の子供をもうけていた。即位以後にそれぞれ大和とかかわりの深い女性を皇后にたてたことでは一致しているけれども、イワレ彦の場合、皇后の父が大和の神で、母方が摂津の豪族にしている点は、継体天皇の故地を重視したことによるのではなかろうか。

継体は、河内と山背の三カ所に都をもうけたのち、大和の磐余玉穂宮に移っている。玉穂というのは実際の地名には見当たらず、美称にすぎないという見方があるのでその部分を省くと、ようするに磐余宮である。この遷都も実際にあったのかどうか、陵の位置からみて疑問が生じるが、ここでも『記・紀』の編者たちがイワレ彦にちなんだ土地こそ継体が生をまっとうするのにふさわしいと考えたのであろうか。継体天皇の問題は、当分私にとって楽しい格闘の相手になりそうである。

森　浩一

解説

辰巳和弘（考古学・古代史研究者）

本書の著者、森浩一（一九二八〜二〇一三）は、小学五年の冬、南河内の自宅近くで一片の土器を拾う。内面には渦巻文様が。古さを直感した著者は、父の蔵書を繰り、それが祝部土器（現在の須恵器）で、採取地の近くにある東陶器村という地名との繋がりに思いいたる。自分なりに調べ、歩きながら学ぶ楽しさと方法を会得しはじめた著者は、単独での考古学の視点にたつ遺跡踏査の版図をひろげてゆく。「僕は学問的に早熟だった」と述懐する著者の原点をみるおもい。

敗戦直後から数年の短期間に、「景初三年」銘をもつ銅鏡を出土した和泉黄金塚古墳、大小八七〇余枚という大量の鉄鋌を埋納したウワナベ古墳陪塚（大和六号墳）など、学史にのこる諸発掘を経験した著者は、一九四九年、既製の考古学ではない「古代学」という新たな目標を掲げ、学術誌『古代学研究』を刊行する。「古代学」とは、考古学を基軸に、文献史料と総合できる学問を理想とし、さらには人々の営為に纏わる人文諸学を柔軟に織り込んで先人の歴史と文化を究めようという遠大な試み。創刊の八月には、さっそく友人らと屋久島や種子島へ離島調査を敢行する。

さらに翌年、魏志倭人伝の記述に魅せられた著者は、対馬から壱岐への単独行に挑む。朝鮮戦争勃発からほどない時期に九州島北端への離島行。驚愕すべき行動力、知識欲である。紀行によれば、住まいとは別に林立する対馬の石屋根倉に衝撃をうけ、焼畑習俗採集のため樽ケ浜まで歩いている。さらに壱岐で民俗学者の山口麻太郎宅に泊まった夜、これも民俗学者の宮本常一からサノ網（泉佐野の漁民が対馬にきておこなう鰯網漁）について教わったという。先人の遺跡踏査にとどまることなく、そこに住むひとびとの生業や習俗・伝承にまで頭をめぐらせる。古代学への挑戦はすでに始まっていた。

遡れば戦時中の一九四三年、学徒勤労動員により鋳物工場へ配属された中学時代の著者は、職人から鋳物技術の話を聴くのが楽しかったという。そして鋳物士が南河内の丹比で採れることまで聞き取っている。弥生・古墳時代を代表する考古資料の銅鏡や銅矛・銅鐸などの青銅器類も鋳造製品である。著者を代表する著名な学説のひとつ、いわゆる三角縁神獣鏡 国産説も、鋳物工場での体験と学びが新説の基層にあったと想像される。複眼のまなざしをもって古代学に挑んだ著者、森浩一は生来、飽くなき知識欲がなす、まさに越境する「学者（まなびのもの）」だった。それから約半世紀、本書執筆にいたるまでの著者の学びの活動は、冒頭「はじめに」における著者自身の簡潔・平明な語りに依られたい。

一九六五年、わたし（辰巳）は京都で歴史の勉強ができるという、多少の高揚感をもって同志社大学に入学。『古事記』・『日本書紀』（以下、『記』・『紀』）を題材とした古代史研究をめざした。一年の冬には、N先輩に誘われ、大学の一隅で月一回の木曜に開かれていた、三品彰英（日韓古代史・比較神話学）が主宰する「日本書紀研究会」に参加するようになった。三品をはじめ、横田健一・小林行雄・岸俊男・上田正昭・直木孝次郎ら、関西在住の古代史や考古学の錚々たる研究者が月替わりで発表する。わたしはお茶汲みをしながら、会場の片隅で必死にノートをとった。贅沢な学びの場だった。

二年になって、考古学概論を受講。前年秋に赴任した著者（森浩一）が担当だった。河内なまりの講義は興味津々、学生たちを引き付けずにおかなかった。その前年、著者のはじめての一般啓蒙書『古墳の発掘』（中公新書）が刊行され、入学直後のわたしは、一気に読破。その筆勢に圧倒された。発掘により得られる古墳調査の背後には、一方で古墳の損壊があること、なかで戦後の急速な土木開発による古墳破壊への痛憤が行間にあふれていた。また、国が治定する天皇陵について、その存否や年代、治定の混乱などを指摘してその再検討を迫り、読者の関心をいっそう高めていた。

その二年の秋、わたしは考古学実習室で毎木曜に開かれていた、著者を囲む定例研究会へ参加するようになる。ある夕刻、日本書紀研究会に出席するため考古学実習室のある校舎からキャンパスを急ぐわたしは、定例研究会に向かう著者と出会った。定例研究会の欠席を申し出るわたしに、笑みを浮かべ「しっかり学び取ってくるよう」と。柔和な表情。

戦後の歴史研究は皇国史観の否定からはじまった。古代史や考古学の研究者が『記』・『紀』に語られる神話に触れること、さらにはそれを主たるテーマとする古代史研究に躊躇(ちゅうちょ)する時代がながく続いた。そんな風潮に森古代学の視点から風穴をあけようと立ち向かったのが本書『日本神話の考古学』（初出誌『月刊Ａｓａｈｉ』一九九二年一月号から一三回の連載。後に朝日新聞社より単行本として刊行、一九九三年八月）である。国生み神話からイワレ彦の東征にいたる記紀神話や諸伝承に、日ごろの考古学の成果をつきあわせようと思索をかさねる著者の営みは古代史の語りに新たな視点を提示する。

著者は、まず塩竈(しおがま)神社（宮城県）に伝わる藻塩焼(もしおやき)神事での塩づくりの情景に、イザナキ・イザナミの二神が塩（海水）を〝コオロコオロ〟とかき鳴らしてオノコロ島を成す『記』のくだりを想起し、大八島(おおやしま)（洲）国(ぐに)生成へと続く記紀神話に海人系の語りを感取する。各地に古代学の旅を重ねる著者ならではの鮮やかな論法である。

わけても著者の関心が、いわゆる「三種の神器（八坂瓊曲玉・八咫鏡・草薙剣）」をめぐる検討と、後段の「神武東征」にあることは各章に当てられた紙幅から了解される。「三種の神器」は中世以後の呼称で、『紀』に「三種の宝物」とみえるそれは、天孫降臨にあたってアマテラスがニニギに授けた天皇位を象徴する宝器のこと。

とりわけ八咫鏡をめぐるダイナミックな著者の考察には圧倒される。まず、太陽神アマテラスの依り代である八咫鏡を収めた内容器（御樋代）の直径を「一尺六寸三分」（約四九センチ）、鏡の文様を「八頭花崎八葉形」とする伊勢神宮関係の諸史料に注目。それが、一九六五年、原田大六により平原一号墓（弥生終末期、伊都国王墓のひとつとされる）で発掘された、直径四六・五センチもの倭製超大型内行花文鏡の同型鏡にあたり、伊都の地からはるばる近畿地方までもたらされた可能性を想定する。筆をはしらせる著者の脳裏に打ち寄せる、九州の政治的勢力や文化の近畿地方への移動・伝播という歴史のうねり。その視点は「神武東征」のくだりまで途絶えることがない。

はたして、弥生中期と後期の各地に集中してあらわれる高地性集落に弥生の動乱の存在を推察する著者は、九州寄りの各地から弥生終末期の近畿へと展開する高地性集落の実相が、イワレ彦（神武）東征の物語り形成に反映した可能性にまで思考をめぐらせる。

他方、続く八坂瓊曲（勾）玉の検討では、それが新潟県糸魚川市の小滝川と青海川で採取される硬玉ヒスイ製である可能性にふれ、「八坂瓊勾玉として古典にあらわれるような名玉は、越の土地に産したものであることは、まず間違いない」という。著者は、「三種の宝物」のいずれもが倭製だったとみているようだ。

「神武東征」段の終盤、著者は天神を象徴する宝器（武器）に言及する。日下の戦いでナガスネ彦に敗れたイワレ彦が、熊野に迂回した後、大和国中の八十梟帥を討ち果たし、ナガスネ彦との決戦に臨む場面。イワレ彦とナガスネ彦が奉えるニギハヤヒがともに天神の子であることを証明する天表が同じ「天羽羽矢」と「歩靫」であることを確認しあう。『記』がそれを「天津瑞」と呼ぶのもうなずける。やはり神器なのであろう。ニギハヤヒとその子ウマシマヂ（ウマシマデ）は物部氏の祖。そこに、天皇家と物部氏の相剋をかいまみる著者は、やがて五八七年に起こる、物部守屋滅亡事件の背景にまで思考を及ぼす。創見に満ち、飽くことを知らない探究の営みは他者の追随を許さない。

『記』ではナガスネ彦を、初めトミノナガスネ彦と、トミ（登美）という地名を冠して呼び、後はトミ彦と呼ぶ。それは『記』の出雲神話がヤマタノオロチの初出にコシ（高志）の地名を冠して呼ぶことに通じる。「トミの男」と強調されている。トミ地名については、奈良盆地東南の桜井市外山を流下する初瀬川流域説と、盆地西北の富雄川流域説とがある。著者は前者説（『敗者の古代史』）。しかし、富雄川流域から西へ古道「日下直越」を経て生駒山を越すと日下は至近の地。ナガスネ彦がイワレ彦を日下に迎え撃つ状況は容易に理解される。わたしは後者説に魅力を感じる。

日下直越古道と富雄川を眼下にする丘陵上に我が国最大の円墳、直径約一一〇メートルの富雄丸山古墳がある。二〇二二年一一月の発掘で、墳丘の中段付近から割竹形木棺をつつむ粘土槨が発見された。槨の上面には、総全長が二・八五メートルに復元される長大な蛇行剣と盾の形をした銅鏡が重なるように埋納されていた。いずれも類例のない遺物。世上の話題をさらったことは記憶にあたらしい。はたして神器と理解できるか。もう一方のトミの地に築かれた四世紀後半の大墳丘をもつ富雄丸山古墳。著者ならいかに解くだろうか。

地図作成　本島一宏

本書は、一九九三年八月に朝日新聞社より刊行され、一九九九年三月に朝日文庫より刊行された『日本神話の考古学』を新書化したものです。

底本には朝日文庫版初版を使用しました。

新書化にあたり、著作権継承者のご了解を得て、原本の誤記誤植を正し、新たにルビを付しました。

森　浩一（もり・こういち）
1928年大阪市生まれ。同志社大学名誉教授。日本考古学・日本文化史学専攻。同志社大学大学院修士課程修了、高校教諭、同志社大学講師を経て72年から同大学文学部教授。環日本海学や関東学など、地域を活性化する考古学の役割を確立した。著書に『古代史おさらい帖』『僕が歩いた古代史への道』『天皇陵古墳への招待』『倭人伝を読みなおす』『敗者の古代史』『記紀の考古学』など多数。2012年第22回南方熊楠賞を受賞。13年８月逝去。

日本神話の考古学

森　浩一

2025 年 1 月 10 日　初版発行

発行者　山下直久
発　行　株式会社KADOKAWA
〒102-8177　東京都千代田区富士見 2-13-3
電話　0570-002-301（ナビダイヤル）
装 丁 者　緒方修一（ラーフイン・ワークショップ）
ロゴデザイン　good design company
オビデザイン　Zapp!　白金正之
印 刷 所　株式会社暁印刷
製 本 所　本間製本株式会社

角川新書

ISBN978-4-04-082536-6 C0221

KADOKAWAの新書 好評既刊

高倉健の図書係
名優をつくった12冊

谷 充代

「山本周五郎の本、手に入らないか」。高倉健は常に本を求める俳優だった。時代小説の人情、白洲正子の気風、三浦綾子の「死ぬ」という仕事——30年間「図書係」として本を探し続けた編集者が、健さんとの書籍を介した交流を明かす。

部首の誕生
漢字がうつす古代中国

落合淳思

「虹」はなぜ「虫」がつくのか、「零」はなぜ「雨」なのか……身近な部首の起源を探ると、古代中国の景色が見えてくる！　甲骨文字研究の第一人者が、中国王朝史の裏にある部首の成立の過程を辿り、文化・社会との関係性を解きほぐす。

基礎研究者
真理を探究する生き方

大隅良典
永田和宏

最短、最速で成果が求められ、あらゆる領域に「役に立つかどうか」の指標が入り込んでいる。基礎科学の最前線を走ってきた2人がそうした現状に警鐘を鳴らし、先が見えない世界を生きる私たちにヒントとなる新たな価値観を提示する。

ジャパニーズウイスキー入門
現場から見た熱狂の舞台裏

稲垣貴彦

盛り上がる「日本のウイスキー」を〝ブーム〟で終わらせないための課題とは——注目のクラフトウイスキー蒸留所の経営者兼ブレンダーが、ウイスキー製造の歴史から製造現場の実際、ムーブメントの最新情報までを現場目線でレポート。

潜入取材、全手法
調査、記録、ファクトチェック、執筆に訴訟対策まで

横田増生

潜入取材の技術はブラック企業対策にもなり、現代社会における強力な護身術となる。ユニクロ、アマゾン、ヤマト運輸、佐川急便からトランプ信者の団体まで潜入したプロの、レポート作成からセクハラ・パワハラ対策にまで使える決定版！

KADOKAWAの新書 好評既刊

海の城
海軍少年兵の手記

渡辺　清

聳え立つ連合艦隊旗艦の上には、法外な果てなき暴力の世界が広がっていた。『戦艦武蔵の最期』の前日譚として、海戦史の余白に埋もれた、銃火なきもう一つの地獄を描きだす無二の戦記文学。鶴見俊輔氏の論考も再掲。　解説・福間良明

頼るスキル　頼られるスキル
受援力を発揮する「考え方」と「伝え方」

吉田穂波

困った時、あなたに相談相手はいますか？　助けを求めることができる力（受援力）は〝精神論〟でも〝心の持ちよう〟でもありません。若手社員から親、上司世代まで、「助けてと言えない日本人」に必須のスキルの具体的実践法を解説。

知らないと恥をかく世界の大問題15
21世紀も「戦争の世紀」となるのか？

池上　彰

バイデンとトランプの再対決となる米大統領選挙。深刻化するアメリカの分断は、2つの戦争をはじめ温暖化問題など世界に大きな影響を及ぼす。混迷する世界はどう動くのか。池上彰が見通す人気新書シリーズ第15弾。

恐竜大陸　中国

安田峰俊
田中康平（監修）

中国は世界一の恐竜大国だ。日中戦争や文化大革命などの動乱に盗掘・密売の横行と、一筋縄ではいかぬ国で世紀の発見や研究はどの様に行われたのか。その最前線と、それを取り巻く社会の歴史と現状まで、中国恐竜事情を初めて網羅する。

イランの地下世界

若宮　總

イスラム体制による、独裁的な権威主義国家として知られるイランの実態に関する報道は、日本では極めて少ない。体制の欺瞞を暴きつつ、強権体制下の庶民の生存戦略をイラン愛溢れる著者が赤裸々に明かす類書なき一冊。解説・高野秀行

KADOKAWAの新書 好評既刊

東京アンダーワールド
ロバート・ホワイティング
松井みどり（訳）

レストラン〈ニコラス〉は有名俳優から力道山、皇太子までも出入りする「梁山泊」でありながら、ヤクザの抗争の場にもなっていた……。戦後の東京でのし上がったニコラ・ザペッティ、その激動の半生を徹底取材した傑作、待望の復刊！

記紀の考古学
森　浩一

ヤマトタケルは実在したか、天皇陵古墳に本当に眠るのは誰か……客観的な考古学資料と神話を含む文献史料を総合し、日本古代史を読み直す。「仁徳天皇陵」を「大山古墳」と地名で呼ぶよう提唱した考古学界の第一人者による総決算！

つなわたりの倫理学
相対主義と普遍主義を超えて
村松　聡

カントに代表される義務倫理、ミルやベンサムが提唱した功利主義に対し、アリストテレスを始祖とする徳倫理は、あまり注目されてこなかった。人間本性の考察と、「思慮」の力に立ち戻る新たな倫理学が、現代の究極の課題に立ち向かう！

上手に距離を取る技術
齋藤　孝

コミュニケーションに慎重になる人が増えている。人づきあいに悩むのは、距離が近すぎるか、遠すぎるかのどちらかだ。他人と上手に距離を取ることができれば、悩みの多くは解消する。これ以上、人づきあいで疲れないための齋藤流メソッド！

スマホ断ち
30日でスマホ依存から抜け出す方法
キャサリン・プライス
笹田もと子（訳）

世界34カ国以上で支持された画期的プログラム待望の邦訳。脳をむしばむスマホ。だが、手放すことは難しい……いったいどうすればいいのか？　たった4週間のメニューで、スマホとの関係を正常化。習慣を変えることで、思考力を取り戻す！